マンガでわかる

無理をしない介護

もしもの時に必ず役立つ

「はじめての家族介護」基本・知識・実践法

福辺節子・代居真知子（著）
絵 平田美咲

INTRODUCTION

日本は超高齢化社会に突入し、団塊の世代が高齢になるにつれ、さらに**「介護」の必要性・重要性**が予想されています。

そうした現状をなんとなく分かっていても、「介護」は自分の身に降りかからなければ「対岸の火事」であり、周囲や自分自身に「介護」が必要になった（なっている）としても、**介護保険制度**などのことや、介護方法はそう簡単に理解できるものではありません。

しかし、「介護」はすべて他人任せにすることはできません。例え、信頼できるプロの介護スタッフが身近にいたとしても、介護する人もされる人も、最低限の知識は持っていなければ対応できないものです。そこで、本書では「介護」に関する基本的な事柄をできるだけ皆さんに分かりやすくご説明するために、一般的に多く見られる事例を組み込んだ漫画と、猫の会話による解説テキストを組み合わせました。

介護スタート時に知っておいた方がいい事、**「介護保険の手続き・サービス内容」「費用」「医療」「介護方法」**などを**PART 1**で、**何年か続く介護生活に必要な知識、そして最期を迎えるまでの大まかな流れ**を**PART 2**で、ご説明しています。

本書は「介護」がテーマの漫画本ではなく、漫画とともに分かりやすく説明している**<介護の実用書>**です。

「介護」に関してほとんど知らない方から、ある程度はご存知の方々まで、漫画を楽しみながら、ご家庭での介護の手引きとしてご利用いただければ幸いです。

プロローグ　それは転倒から始まった

介護生活は人によって、本当に異なります。同じ介護状況はありません。

ここに登場する、たま子さんを巡る介護も、たくさんある介護ストーリーの一つ。ただ、一般的によく起こる出来事が多く含まれています。

たま子さんは現在80歳。転倒がきっかけで、5年前に介護が必要になりました。

そんなたま子さんの介護物語を語るのは、たま子さんの愛猫ジュリー！　信頼しているボスのアドバイスを受けながら、たま子さんの心の支えで居続けます。

ボクはジュリー
たま子さんの
飼い猫だニャ

三年前に
近所の公園で
拾われた
あら
かわいい…
うちに来る？
ニャーッ
ニャーッ

たま子さんとの
日々は
毎日がとっても
楽しかった
大きくなるのよ♡
ニャー
ニャ〜
ニャニャ

ところがある日のこと…

買い物から帰った
たま子さんが
玄関で
転んじゃったんだ！
あっっ
あーっっ!!

ピーポー
ピーポー
ピーポー
ピーポー

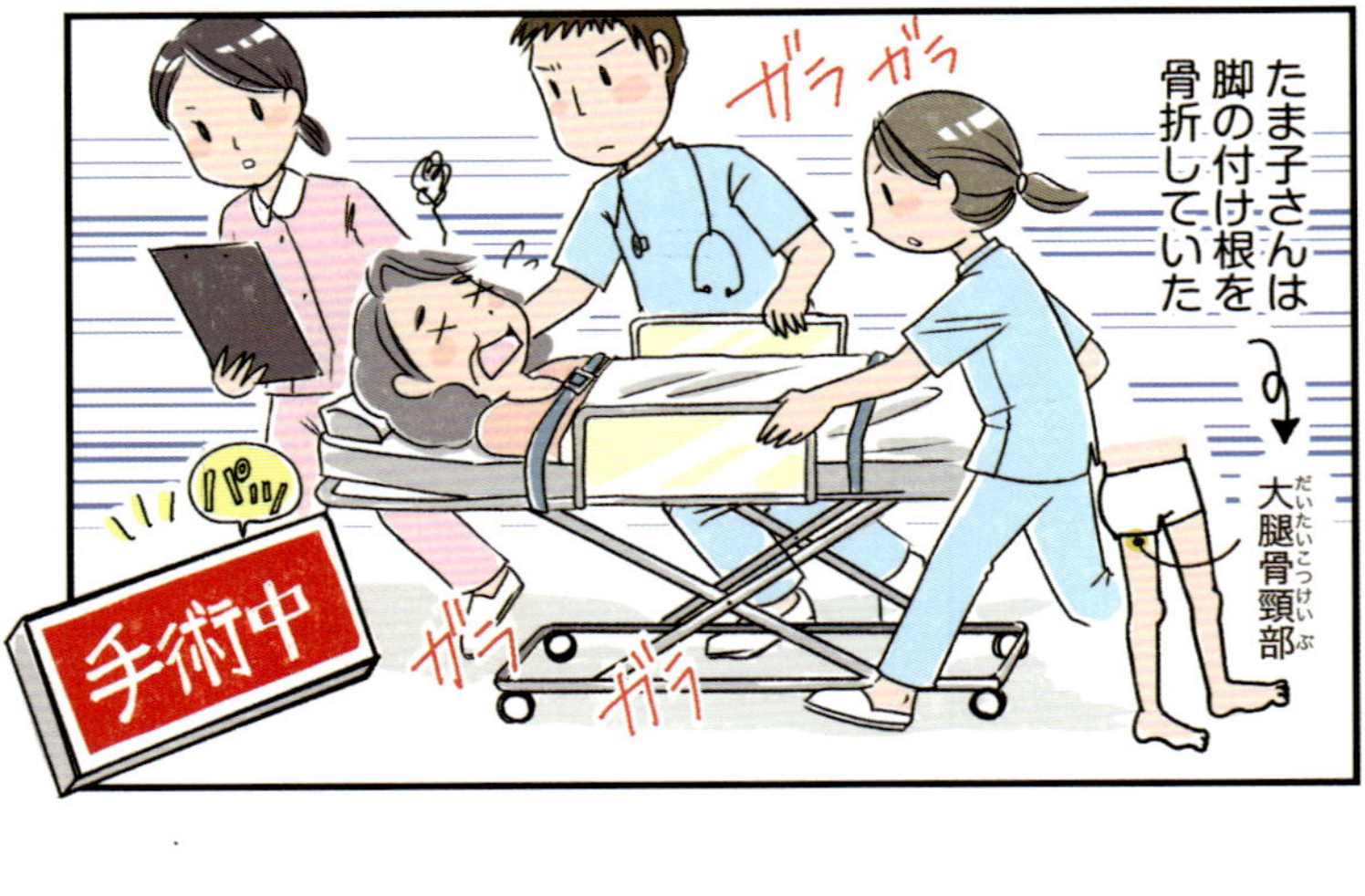
たま子さんは
脚の付け根を
骨折していた
大腿骨頸部《だいたいこっけいぶ》
ガラガラ
ガラガラ
パッ
手術中

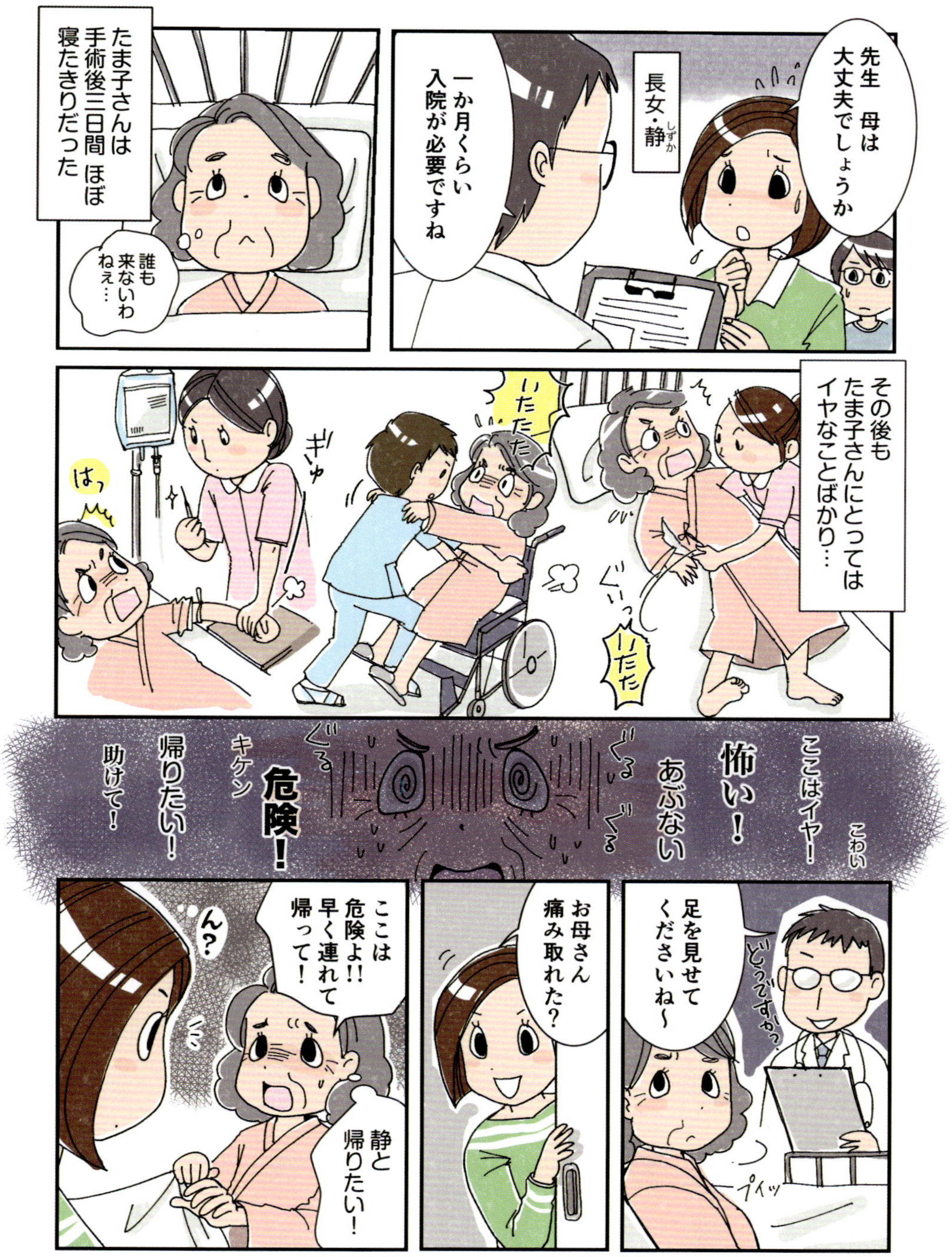
先生　母は大丈夫でしょうか
長女・静《しずか》
一か月くらい入院が必要ですね
たま子さんは手術後三日間　ほぼ寝たきりだった
誰も来ないわねぇ…
その後もたま子さんにとってはイヤなことばかり…
いたた
いたたた
ぎゅ
はっ
ここはイヤー！
怖《こわ》い！
あぶない
ぐる
ぐる
ぐる
危険！
キケン
帰りたい！
助けて！
足を見せてくださいね～
どうですか？
プイッ
お母さん痛み取れた？
ここは危険よ!!早く連れて帰って！
ん？
静と帰りたい！

退院間近…
ニコ
だいぶ良くなりましたよね!
おかげさまで
うちの母ちょっと様子がおかしかったですよね?
環境が変わるとよくあることなんですよ
コソ…
うんいいですね
回復早いですよリハビリ続けてください
今後のことは看護師とメディカルソーシャルワーカーが詳しくご説明しますから
相談室
介護保険の認定調査申請はされていますか?
リハビリですが…1人暮らしで通うのが大変でしたら**老健**の入所もあります
認知症に関してですが…
お困りのことがあればいつでもご相談に…
え…
に……認知症!?
介護保険?? 老健??
よくわかる介護保険
リハビリスケジュール

たま子さんのケガは
思いのほか早く回復しました
ただ 当分のリハビリ
そして
認知症対策が必要でした
「かいご」
なんとなく
気にはなっていたことが
一気に目の前に…
静さんの頭の中は
真っ白でした…
お母さん…
これが たま子さんの 介護の序章
うにゃーん
ぼくの 平穏な生活は どう なっちゃうの!?

CAST 登場キャラ

無理をしない介護

佐藤健一

たま子さん

骨折をきっかけに介護生活に。愛猫と自宅生活を続けることを望む、本書漫画の中心人物。

ジュリー

介護知識を読者とともに学ぶ、本書のナビ猫。

ボス

介護博士猫。ジュリーが敬愛する相談相手。

次男
正

フリーのミュージシャン。母への愛情は強いが、生活能力が少々不足。

長女
静（鈴木静）

母親の介護に携わり、人としても成長していく本書漫画のキーパーソン。

娘婿
鈴木二郎

普通の会社員。頼りなさそうだが、ここぞというときは、妻を精神的に支える。

長男
優

長男としての責任を感じながらも、自分の生活を優先し、妹に介護を一任。

嫁
令花

遠方に住んでいることを理由に姑の介護をはなから拒絶。施設介護を勧める。

子供時代

孫
鈴木翔

たま子さんが面倒を見てきたこともあり、おばあちゃん子。介護に協力的。

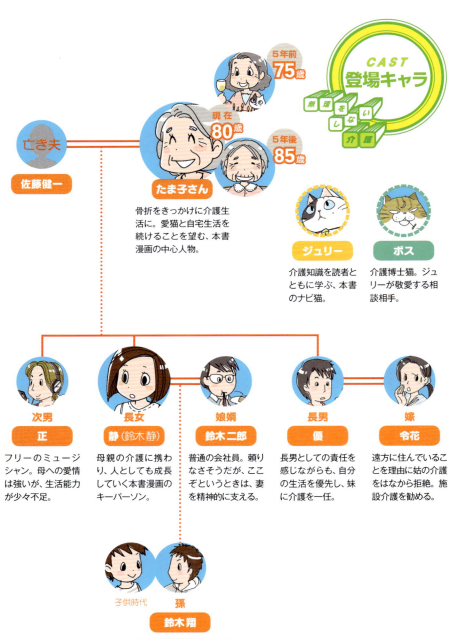

CONTENTS

CONTENTS

CONTENTS

PART 1

介護がスタート

基礎知識編

PART 1

第1章

介護は突然やってくる!?

自分自身、親、配偶者などが病気になる、まして介護が必要になるとは考えていない。漠然と、もしかしたらとは考えていても、実感として考えられないし、自分にはそんなことは起こってほしくないと考えている方は少なくないでしょう。しかし、年々増える要介護人口が表しているように、ある日介護が突然やってくる確率は高いのです。ただ昨今何かと話題になる認知症は、突然発症するケースは少ないので、進行を遅らせ、突然の介護状態になることを防ぐこともできます。

1話　介護って何？

ただいまジュリー！
留守にしててゴメンね
ニャ
やっと家に戻ってきたたま子さん！
前と全然変わらないいじゃん
？
それなのに「介護」って？
そうだ！
ボスなら分かるかも！
ダッ
ここは地域猫の集会所
ゴミ箱の上にいるのがなんでも知ってるボス！
ボスー‼

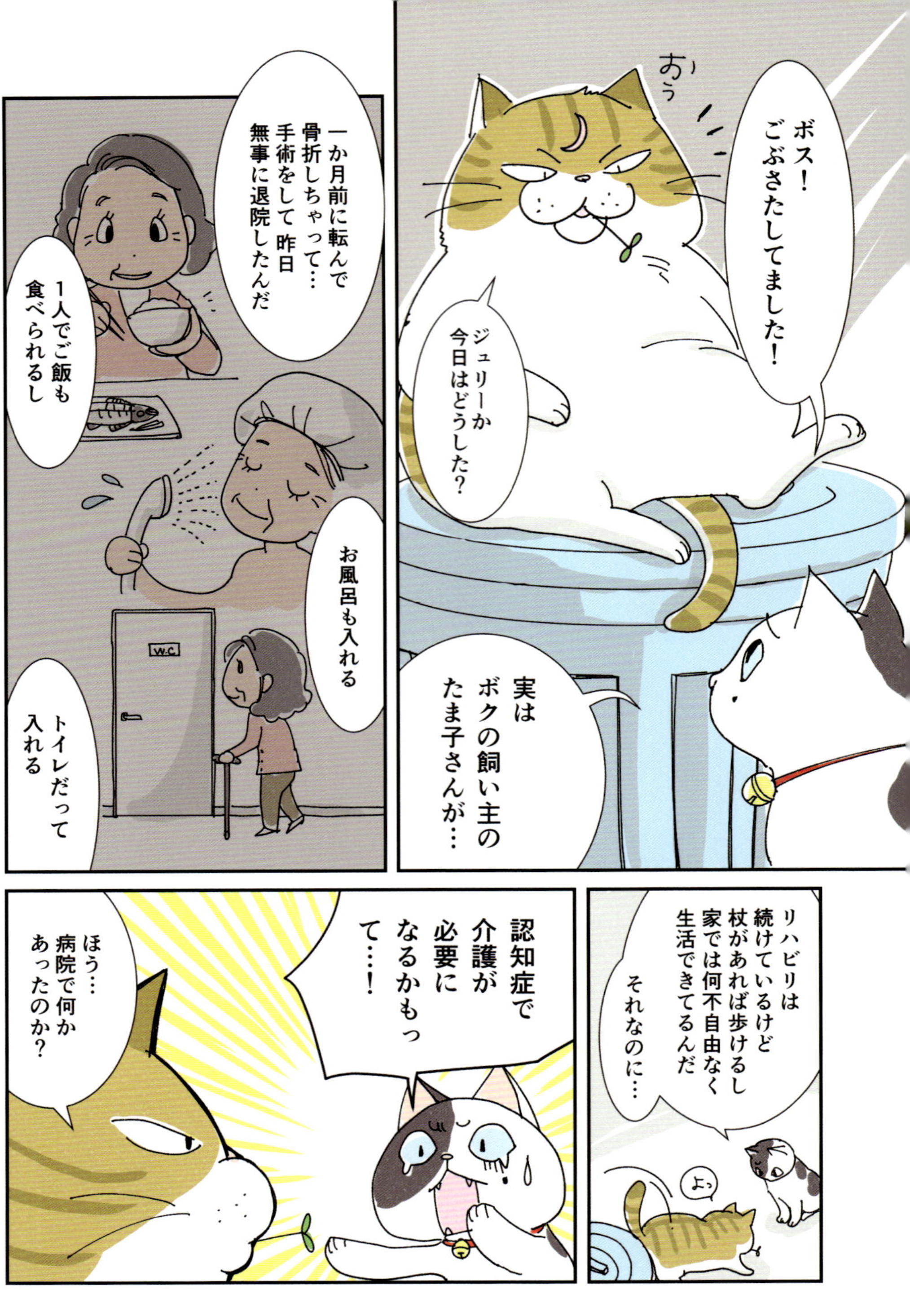
おぅ
ボス！ごぶさたしてました！
ジュリーか
今日はどうした？
実は
ボクの飼い主の
たま子さんが…
一か月前に転んで
骨折しちゃって…
手術をして 昨日
無事に退院したんだ
1人でご飯も
食べられるし
お風呂も入れる
トイレだって
入れる
W.C.
リハビリは
続けているけど
杖があれば歩けるし
家では何不自由なく
生活できてるんだ
それなのに…
よっ
認知症で
介護が
必要に
なるかもっ
て…！
ほう…
病院で何か
あったのか？

介護拒否をしたり…
プイッ
ご飯を食べなかったり誰とも口をきかなかったり…
なるほど
だが入院中におかしな言動があるのは高齢者によくあることで退院すれば治ることが多いんだ
えっ!?
じゃぁたま子さんには介護なんて必要ないってこと!?
イヤ…
それは俺にもわからん
そんな…もしたま子さんに介護が必要になったら……
さよならジュリー もうあなたを飼えないわ…
ごはんとか住むとことか
あわわ…
オイオイ心配なのはたま子さんじゃなくてそこか?
お前は本当に自分のことしか考えてないんだな
まったく……
しょうがないヤツだな
ノラ子! ノラ太!
はーい!
シュタッ
この地域ではどんな介護を受けている人が居るのかジュリーに教えてやってくれ
了解!
ピシッ

いろいろな介護

介護が必要な人ってたくさんいるの？ 大変そうだけど、どんな感じなのかな？ ボクのご主人も、介護が必要になるかもしれないんだ。

日本は超高齢社会とか言われていて、この近辺も高齢者が増えているよ。保育園もあるけれど、デイサービスとか、有料老人ホームとか、高齢者関係の場所の方が多いしね。もちろん元気な高齢者も少なくないけど、ボクたちウロウロしていると、介護されている人たち・介護している人たちをよく見るよ。

最近増えてきて、話題にもなっている、ちょっと大変な例を教えるわね。まずは、「**老老介護1**」。平均年齢がどんどん高くなってきて、超高齢の親を高齢の子が介護したり、高齢のご主人を奥さんが見たり。そんな介護は今では珍しくなくなっているわ。最近はその逆だってあるのよ。

珍しい例だけど、コンビニの近くの家の90歳くらいのおじいさん。糖尿病で目が不自由な60歳代の息子さんの世話をしているわ。ヘルパーさんが来るけど、大変そう。私ね、心配で時々チェックに行くの。

それと、昔は息子が親の介護をすることは珍しかったんだけど、今は結構いるよね。「**息子介護2**」。ここをずっと行くと結構大きなお屋敷があるけれど、そこのおばあちゃんもうすぐ１００歳で、軽い認知症なんだ。1人暮らしでどうするのかなと思っていたら、「**遠距離介護3**」をしていた70歳くらいの息子が、最近一緒に住むようになったんだ。おばあちゃん、ワケの分からないことを言って、最初の頃、息子は困っていた。でもさ、最近はおばあちゃんのペースに合わせて面白おかしくやっている。大変だろうけど、楽しそう。

楽しくできれば、介護も問題ないけれど、なかなかそうもいかないわよね。お気楽にとか言って、ほったらかしたら、ネグレクト（**高齢者虐待**[4]の一種）とか言われちゃうものね。

そうそう、大変といえば、「**ダブル介護**[5]」これは大変だわよ。子育てと介護が一気にきちゃうんだから。駅に近い白いマンションの1階の30歳代の人。子どもが3歳なんだけど、少し前から脳梗塞でまひのあるおばあちゃんの介護も家でしているの。専業主婦だから、保育所にすんなり子どもを預けられないみたいで、この間、電話しながら泣いていたわ。

今の話だと、みんな家で介護しているけど、家でするものなの？

いや、介護は家で見るだけじゃないよ。公園のそばには「グループホーム」があるし、その目と鼻の先には「特別養護老人ホーム」がある。そこから、バスで次の停留所に行くと、降りてすぐの所に「介護付き有料老人ホーム」がある。でもこの辺は高齢者施設が多いけれど、どこも満室なんだ。

そうそう、「子どもの世話にはならない」「**介護離職**[6]なんかされたら困る」って、自分からさっさとホームに入っちゃう高齢者もいるよ。

バス停の傍のおじいさんとおばあさんは2人とも認知症になっちゃって。でも、それなりに生活していたのよ。この間、遠くに住んでいる娘さんが来て「**認認介護**[7]も限度だわ」と言って、自分の家の近くの「グループホーム」に2人一緒に入所させたみたい。

あれ、あそこの家には、フクちゃんっていう三毛猫がいたよね。一緒に連れていってもらえたの？

それがね、娘さんは動物が苦手で、捨てられちゃいそうだから、ノラデビューするって、言っていたわ。

介護は介護そのものだけじゃなくて、それに関係することも社会問題になっているんだ。ペットの問題もその一つ。ペットは高齢者の心を癒す存在として重要だけれど、飼い主が面倒を見ることができなくなることが増えている。

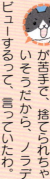

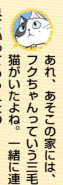

日本の高齢者と介護

病気とかケガで介護が必要になるみたいだけれど、一番多い原因は何？

日本は高齢者が増加して、介護を必要とする人も増えているが、原因としては、昔から多いのが脳血管疾患。だが、今増えているのは認知症だ。ところで、日本人の平均寿命は上がり、長生きの人が増えている。１００歳の人も珍しくなくなってきた。ただ、医療が発達して「**ピンピンコロリ**[8]」の人が減って寝たきりが少なくない。

日本人の平均寿命
（2017 厚生労働省）

男	81.09歳
女	87.20歳

日本の平均健康寿命
（2017 厚生労働省）

男	72.14歳
女	84.79歳

平均健康寿命と平均寿命の間、何年間は介護が必要になるなど、自立した生活が難しくなります。

介護が必要となる原因は……

脳血管疾患（脳卒中）	18.5%
認知症	15.8%
高齢による衰弱	13.4%
骨折・転倒	11.8%
関節疾患	10.9%
その他	29.6%

（2018年9月　厚生労働省）

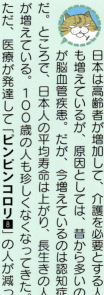

今あげた病気になったり、ケガをすると、どんな介護が必要になるの？

介護者の多い方から説明していこう。

脳血管疾患（脳卒中）

脳卒中には、脳梗塞・脳出血・クモ膜下出血の3種類がある。血圧や中性脂肪やコレステロールが高い人は注意しなければならない。

中でも、脳梗塞になると一命をとりとめても、片まひや寝たきりなどの後遺症が残る可能性が高く、機能訓練が必要になる。

認知症

高齢化が進むとともに、患者数がどんどん増えることが予想されている。２０２５年時点では、65歳以上の高齢者5人に1人が、２０６０年には3人に1人が認知症の症状を持つと言われている。認知症にもいろいろな種類があり、症状は異なるが、記憶障がいから始まり、身体的にも歩行に問題が出たりする。徐々に心身ともに悪くなるので、手厚い介護が必至だ。

高齢による衰弱

衰弱の症状は、「筋力の衰え」「肺活量の衰え」「体重減少」「歩行速度の低下」「疲労」の５つ。このうち３つ以上の症状が見られると衰弱していると判断される。衰弱が激しくなってくると、自立した生活が難しくなるので介助介護は欠かせない。

骨折・転倒

本書漫画のたま子さんのように、ちょっとした段差でつまずいて転び、大腿骨頸部骨折となる高齢者は多く、年を追うごとに増え続けている。骨折が完治するまで、機能訓練や介助介護は必要。骨折を機に、そのまま介護生活となることが多い。

関節疾患

関節の中で問題が一番起きやすいのが膝関節。次に多いのは股関節。症状の出始めは痛さを感じる程度だが、悪化すると、1人での日常生活が難しくなり、介助介護が必要になる。

その他

糖尿病、心臓病、悪性腫瘍などの病気が含まれる。病状が悪化すると、病気に対する医療的な対応や介助介護の頻度が増してくるなど、場合によっては、認知症など、他の症状が出てくることもある。

語句解説

P.18～P.21

1 老老介護

【ろうろうかいご】

65歳以上の高齢者が、65歳以上の高齢者の介護を行うこと。高齢者人口、核家族が増えたことで年々増え、介護の半数以上は老老介護となっている。

2 息子介護

【むすこかいご】

少子化、独身男性の増加などで、息子が親の介護をするケースが年々増えている。介護は女性という概念はなくなりつつある。

3 遠距離介護

【えんきょりかいご】

都市部で仕事をしている子が、地方で生活する親の介護を行うケース。時間、経費など、同世帯よりも負担はかなり大きくなる。

4 高齢者虐待

【こうれいしゃぎゃくたい】

高齢者に対する虐待は暴力、暴言だけでなく、放置すること（ネグレクト）も大きな問題。

5 ダブル介護

【だぶるかいご】

高齢者介護と子育て（幼児）、高齢者介護と障がい者の介助など、複数のケアをしなければならないケース。

6 介護離職

【かいごりしょく】

介護のために会社を辞めなければならない人は後を絶たない。仕事を続けることが望ましい。

7 認認介護

【にんにんかいご】

認知症を患っている人が、認知症を患っている人の介護を行うこと。老老介護が増える中、ともに認知症患者という場合が多い。ともに80歳以上の老老介護の場合、認認介護は1割ほどといわれる

8 ピンピンコロリ

【ぴんぴんころり】

亡くなる少し前まで元気でいて、患うことなく他界すること。高齢者の間で理想の最期と考える人は多い。

COLUMN by 介護の先輩

「温泉でゆっくりと」と言われてから20年

「家族介護」は千差万別、個人の外見や性格と同じように各家庭によって異なります。要介護の原因だけでもいろいろとあるうえに、家族の誰の介護か、介護をする家族それぞれの状況はどうかなど、さまざまな要素が絡んできます。そう、隣の家とあなたの家の介護は全く違い、同じパターンはほとんどないのです。ところが、いざ介護が必要となると、その方法の選択肢は狭められてしまい悩んでしまうと思います。それでも、今の家族介護の現状は以前に比べると、かなり良くなり、介護経験者としては「羨ましい」かぎりです。私の母はアルツハイマー型の認知症で介護が必要となりました。様子がおかしいと、診断を受けたのは20年近く前。介護保険がスタートしたころです。今と比べて介護の情報量は少なく、かかりつけの医師からは「お歳ですから、治療などよりも温泉にでも行かれてゆっくりと……」と告げられました。それから数年前まで母の介護は続きましたが、今なら違う選択もできたかもしれません。

2話　たま子さんに介護が必要になったら…

75才の誕生日&退院
おめでとう!
ありがと!
ところで…
お袋
1人暮らしで
大丈夫なの?
杖はまだ必要だけど
ずいぶん歩けるように
なったし平気よ
それに
静が毎日来て
くれてるから
不自由もないわよ
洗濯とか
掃除を
したり
ね!
足以外は
大丈夫なんですよね?
そうね
入院中にいろいろな
検査をしてもらったけど
今のところ何も問題
ないみたい
ん?
ぱく

ねぇ お母さんが作った この料理 味が濃すぎると 思わない?
パクッ
あ ホントだね でも お義母さんだって たまには 味付け間違えるさ
今まで そんなこと 一度も なかったのに…
みんな 今日は本当に ありがとう
私は先に 休むけど ゆっくりして いってね
パタン
……
ねぇ みんな
お母さん ちょっと変だと 思わなかった?
え? どこが?

※シルバー人材派遣センター

もし何かあったら施設にお願いすればいいんじゃない？
今きれいなところがたくさんあるらしいわよ
ちょっ お義姉さん！そんな簡単に決めないでくださいよ！
そうだよ！それにいいところは高いだろ？
少し遠いところなら安いみたいですよ
ところでそのお金って誰が払うの？
え？ 年金？
そうだ！俺がお袋と一緒に住んで世話するよ
年金があれば十分じゃん！
それいいわね！静ちゃんも仕事続けられるじゃない
ホッ
ちょ…ちょっと
みんな勝手なことばっか言って…！
正は仕事しないで楽したいだけでしょ!!
お母さんのこともっとちゃんと考えてる!?
もういい！私1人でやるわよ！

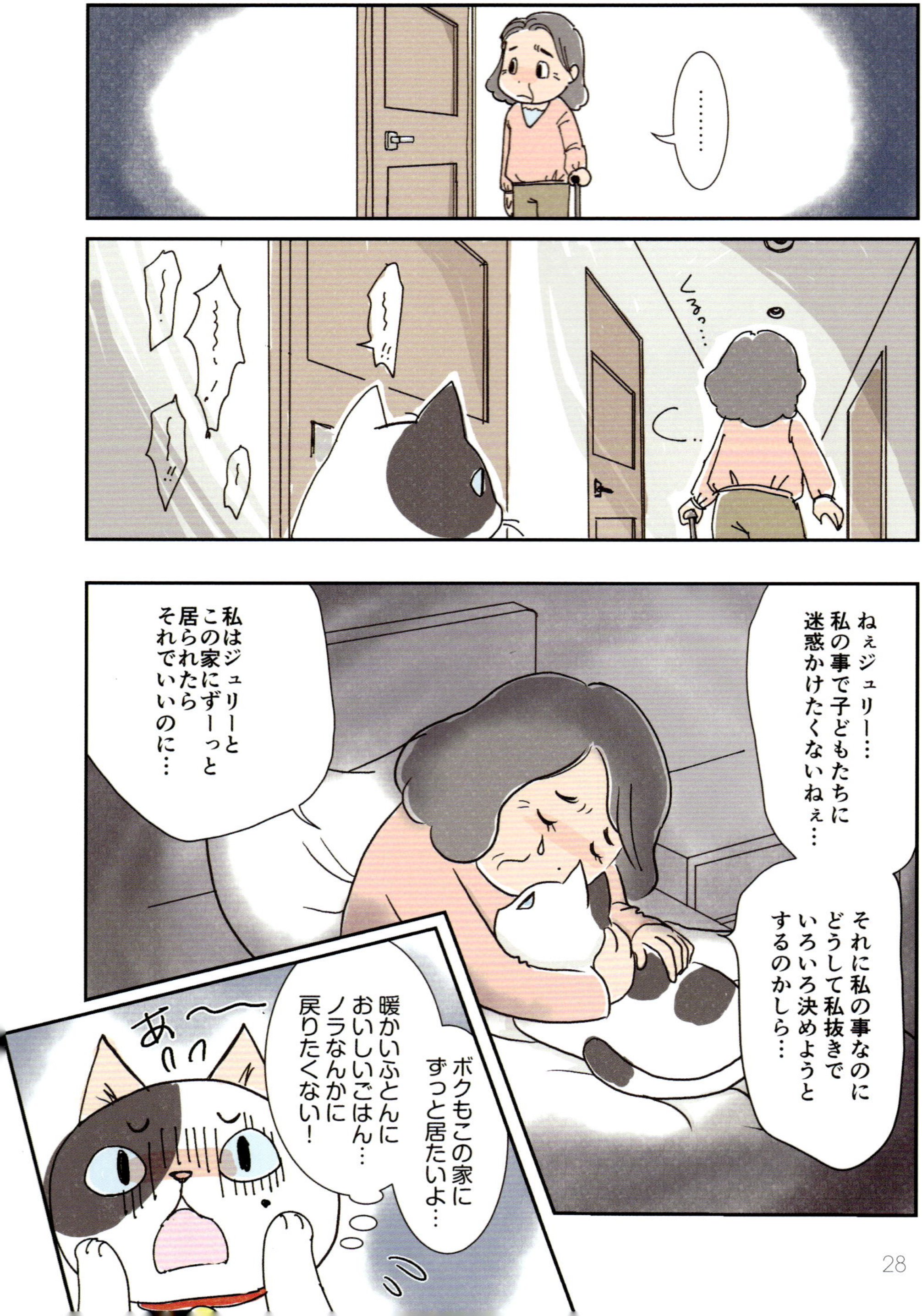
……
ねぇジュリー…
私の事で子どもたちに
迷惑かけたくないねぇ…
それに私の事なのに
どうして私抜きで
いろいろ決めようと
するのかしら…
私はジュリーと
この家にずーっと
居られたら
それでいいのに…
ボクもこの家に
ずっと居たいよ…
暖かいふとんに
おいしいごはん…
ノラなんかに
戻りたくない！
あ〜〜

家族の介護計画～WとHを考えよう！

介護が必要になった時に役立つ考え方や心構えとか、あるの？

家族の介護が気になり始めたり、突然必要になったら、やみくもに慌てたり、不安になったりしないことだ。介護のプロは綿密に計画を立ててるのだから、家族も簡単でもいいから、計画を立てた方がいい。一息入れて、自分はどんな状況に置かれているのか、何ができるのかを考えて計画すること。そしてその時、介護される人の気持ちを考えることも大切だ。

でも実際にどう考えればいいのか分からないよ。

5Wと1Hで、自分の状況と考え方を整理して、介護の方向を考えるのだ。Wとは英語のWhen（いつ）、Where（どこで）、Who（誰が）、What（何を）、Why（どうして）。HはHow（どのように）だ。介護の場合、メインとなるのはWho、Where、How。この方法で、改めて考えれば、「どんな介護が必要」で、自分には「どんな介護ができるのか」が見えてくると思うよ。

When

自分が介護にかかわることができる時間、時間帯、頻度を考える。

Where

「在宅介護」か「施設介護」か。要介護者の気持ちを優先にする。

Who

家族介護では誰が中心となり介護するか決めること。要介護者が誰に介護されたいかも重要。

What

必要な介護はどんなこと？ 介護の原因によってしなければならないことは違う。

Why

介護方針で、家族間の意見が異なったら、互いに何故そう思うのかを話合い、理解し合う。

How

介護のHowには、特に重要なことがある。それは、How much（いくら）。どのくらいお金がかかるか、かけられるかということ。経済的なことで介護は変わる。

介護に関する実際のデータも見て見よう。一般的な考えを知ると参考になるぞ。

介護を受けたい場所

可能な限り自宅で	44.7%
特別養護老人ホームなど介護保険施設で	33.3%
介護付き有料老人ホーム、グループホームなどで	9%
一概に言えない	8.4%
分からない	4.6%

望ましい在宅介護形態

家族だけに介護されたい	12.1%
家族を中心にホームヘルパーなど外部の人の力も借りたい	41.8%
ホームヘルパーなど外部の人を中心に家族の介護も受けたい	31.5%
ホームヘルパーなど外部の人だけに介護されたい	6.8%
その他	0.6%
分からない	7.1%

※15年前の調査に比べると、ホームヘルパーなど外部の力を借りたいという人が増える傾向にある。

家族では誰に介護を望むか

配偶者	57.3%
息子	5.3%
娘	19.6%
婿	0.1%
嫁	5.1%
孫	0.3%
その他の親族	2.6%
分からない	9.8%

※15年前（平成7年）の調査と比べると、配偶者に介護の望む人が増えている。

（内閣府調査　平成22年　個別面接聴取　有効回収数3,272人）

家族の気持ち

家族に介護を受けさせたい場所	
可能な限り自宅で	57.7%
特別養護老人ホームなどの介護保険施設で	23.9%
介護付き有料老人ホーム、グループホームなどで	5.0%
家族はいない	2.1%
一概に言えない	7.5%
分からない	3.8%

親の介護は子が自らすべきか	
子が親の介護をするのは当たり前だ	48.6%
子であっても親の介護を必ずしもする必要はない	36.1%
どちらともいえない	14.0%
分からない	1.4%

※15年前の調査と比べると、親の介護は子がすべきという人は約10%減り、子は親の介護を必ずしもする必要はないという人が約8%増えている。

COLUMN by 介護の先輩

想定通りにはならない介護

介護を始めるとき、ある程度の計画を立てた方がいいと思いますが、思い通りに事が進まないことが多々あるのが介護です。介護は子育てと違って、何年たてばこうなるという予測が立てにくいこともありますが、子育て方針を親が決めるのとが異なり、家族がいる場合は、誰が介護の中心人物（キーパーソン）になるかで、まずもめるでしょう。逆に一人っ子で、すべて1人で行わなければならないケースもありますが。また介護が始まってからも、身体の状態や家族の経済状態をはじめてとして、良かれと思って入居した施設のトラブルに巻き込まれることもあります。いろいろな状況を想定することも大切ですが、「絶対にこうする」というこだわりを持たずに、柔軟性を持って軌道修正する心構えがまず大切だと思います。わが家の場合も、いろいろな問題が起こり軌道修正を余儀なくされ、20年にわたる介護生活は在宅10年、施設10年、幸いに病院の入退院を繰り返すことなく穏やかに見送ることができました。

3話　たま子さんは本当に認知症なの？

もういいわ… パンにするから
ちょっと静
ムッ
さっきから黙って聞いてれば…
私がまるでボケたみたいに言わないで欲しいわ
でも実際にボーっとしてるから いろいろ忘れちゃったりするんじゃないの?
お米炊くのを忘れたくらいで言いたい放題ひどいわよ!
それだけじゃないでしょ? それにお医者さんだってお母さんに問題があるかもって言ってたわ!
だからこうして毎日来てあげてるんじゃない!
そんなの私は頼んでないわよ!
もういいから帰ってちょうだい!
言われなくても帰るわ!
言っとくけど明日リハビリだからね! 8時に迎えに来るから忘れないでよ!?
あとは自分でやってよね!!

チュン チュン…
お母さん おはよう!
リハビリ 行くわよ〜
あら!? もう来たの!
ゴメンなさい すぐ準備するわ
ハイハイ
早めに来てよかった…
おまたせ〜
じゃぁ行こうか… …って え? その服でいいの?
そうよ? どこか変?
今までは もっとオシャレに気を遣ってたのに…
いろいろ変…
今日 仕事は?
休んだわよ
忘れものない?
バタン
ボクのごはん 忘れてますけど!!

総合病院
先生 今日は よろしく お願いします
がんばりましょう！
外ではしっかりしてるんだから
おかげさまで
相談室
母の状態は とても良くなってるみたいで
ちょっと忘れっぽいけど
でも…私の方が忙しくてなかなか介護保険の手続きにも行けなくて
認定の申請はしておいた方がいいですよ
そのときになって慌てないように…
言われたとおり申請だけでも早くしておくべきかしら
静ー～ 終わったわよー
リハビリどうだった？
ほめられたわよ～
スジがいいって！

今日も
ありがとうね
いいのよ
また明日来るわね
あまり心配
させないでね
あら？
カギ…カギ…
ほら〜〜〜！
言ったそばから…
ただいま
ジュリー
スリスリ
ニャー
ジュリー…
私やっぱり
どこか変なのかしら…
ニャー
もしかしたら
施設に入った方が
静も楽になるかも…
ニャーー!!
(ごはんー!!)
お母さん
このままで
大丈夫かな…
変なところは
あるけど
元気だし…
ボスにもう一度
相談しに
行ってみようっと

認知症と間違われやすい症状

たま子さん、救急で入院したとき、認知症みたいだったたって聞いたけど、認知症と間違う病気ってあるの？

病気じゃないけれど、これって「認知症かな？」というような症状はいくつかある。

一番、身近な例は、「高齢者の物忘れ」だ。何かをしようとしていたとき、ほかの用事が入ると、「あれ、何をしようとしていたんだっけ？」と、一瞬忘れる。あと昨日の晩御飯に何を食べたかしばらく思い出せないこともあるだろう。でも、これは認知症じゃない。何かをしようとしていたことは分かっているし、ご飯を食べたことは覚えている。高齢者の物忘れは、一部分を忘れているだけだし、忘れたことを分かっている。

でも、たま子さんの場合は、単なる物忘れじゃなかったよ。突然性格が変わったみたいだったたよ。

それは、いくつか思い当たる症状がある。一つ目は、「せん妄」という症状だ。これは、高齢者に起こることが多い。ハッキリした原因は分かっていないが、旅行、入院など環境が変わると発症しやすく、突然意味不明なことを言う、暴れる、攻撃的になる、妄想、幻覚、幻聴が現れる。

二つ目は、「老人性うつ病」高齢者がかかるうつ病。せん妄が攻撃的なのに対して「朝から晩までぼんやりしている」「元気がない」などの様子が見られる。

そして、三つ目は、認知症の手前の症状「MCI（軽度認知症）」認知症の症状が幾分みられるものの、日常生活を普通に営める。きちんとした治療で、発症を遅らせたり、防ぐことができる。

認知症とは～基本知識

たま子さんの病気、認知症ってどんな病気なの？

認知症は病気じゃない！ いろいろな原因で脳の働きが鈍くなって知的機能（記憶、認識、判断、学習など）に障がいが起こり、日常生活や社会生活をすることが難しくなる症状（状態）のことなのだ。以前（２００３年頃まで）は痴呆とか、痴呆症と呼ばれていた。

今、その認知症が原因で、介護される人が増えているんでしょ？

認知症は介護を受ける原因になるだけでなく、認知症になる人自体、多くなっている。寿命がのびて、長生きする人が増えているからね。

これからますます増えるということ？

そうだ。この表を見てくれ。２０１２年には４６２万人、65歳以上の人の15％が認知症なんだけど、右肩上がりで増えていくことが予測されている。

日本における認知症の高齢者人口の将来推計に関する研究

2012年	462万人	15%
2015年	525万人	16%
2020年	631万人	18%
2025年	730万人	20.6%
2030年	830万人	23.2%
2040年	953万人	25.4%
2050年	1016万人	27.8%
2060年	1154万人	34.3%

（平成26年度 厚生労働科学研究費補助金特別研究事業 九州大学 二宮教授）による速報値

高齢者が3人いたら、1人が認知症という時代が来るんだ！ ところで、たま子さんが認知症なら、何も分からなくなって、ウロウロ歩きまわるようになるの？

そんなことはない。認知症だから、すぐに、全く何もできなくなっちゃうことはないよ。家族や周囲の対応やサポートで進行も遅らせるし。

認知症になると、最初どんな風になるの？

人によって症状は違うけれど、よく言われるのは……

- 体験したことをすべて忘れる。
- 自分が忘れたことを自覚できない。
- よく行く場所、親しい人が分からなくなる。
- 怒りっぽくなるなど性格が変わる。
- 季節、月日、時間、居る場所が分からなくなる。

その他に、「新しいことが覚えられない」「物事の段取りが立てられない」「道具の使い方が分からない」「実際にはないものが見える」など。

ところで、認知症には数多くの種類があるのだが、患者数が多いのは次の4つだ。

アルツハイマー型認知症

認知症でもっとも患者数が多い。脳の神経細胞が減り、脳が委縮するため、物忘れなどの症状が出始める。

脳血管性認知症

脳梗塞や脳出血が原因で発症。出血などの場所・重さの程度で状態が異なる。手足のまひを伴う場合も。

レビー小体型認知症

脳にレビー小体と呼ばれるたんぱく質がたまり、徐々に脳の神経細胞が減り、幻覚などの症状が出始める。

前頭側頭型認知症（ピック病）

脳の前頭葉や側頭葉の神経細胞だけが減少し、性格の変化など、さまざまな症状を引き起こす。

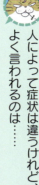

認知症かなと思ったら、どうすればいい？

「なんか変だな？」「認知症かな？」と思ったら、何処に行けばいいの？

そんなとき、みんな、どうすればいいと思っているか、データを紹介しよう。

認知症の疑いがある場合、相談したい相手
3つまで複数回答

認知症の専門医	55.2%
同居家族・親族	45.5%
かかりつけの医師	41.4%
市区町村の相談窓口	34.0%
同居していない家族・親族	20.6%
認知症の人や家族を支援するNPO法人など	10.5%
友人や知人	9.7%
分からない	2.3%
その他	0.8%
不明	1.5%

（2018日本医師会総合政策研究機構）

認知症の専門医って、何処に行けばいいるの？

全国に「物忘れ外来」「認知症外来」のある病院があるから、診察と相談に行くといい。ただし、認知症の患者さんは病院に行きたがらないようだ。「私はボケていない、認知症のはずがない」と言い張るケースが多いが、診断は早い方がいい。ちなみに、「公益社団法人　認知症の人と家族」のホームページなどに物忘れ外来の一覧が載っているぞ。

あと、認知症に関する介護の相談は、住んでいる地域担当の「地域包括支援センター」に行くといい。

地域によって呼び名が違うところもあるけれど、全国にあるし、認知症だけではなく、介護全般の相談にものってくれる。

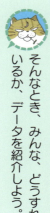

日本は世界の中でも、認知症患者が多いから、国も支援策を立てているって聞いたけど、どんなことが行われているの?

まず2012年に、厚生労働省は「オレンジプラン」というものを作った。これは認知症の人が住み慣れた地域のよりよい環境で、自分らしく生活できるように考えられた5か年計画だったが、その後、2015年新たに「**新オレンジプラン（認知症施策推進総合戦略）**」が策定され、目標に向かって様々な活動が行われている。

新オレンジプランの7つの柱

- 認知症への理解を深めるための普及・啓発の推進
- 様態に応じた適時・適切な医療・介護などの提供
- 若年性認知症施策の強化
- 認知症の人の介護者への支援
- 認知症の高齢者などにやさしい地域づくりの推進
- 認知症の予防法、診断法、治療法、リハビリテーションモデル、介護モデルなどの研究開発及びその成果の普及の推進
- 認知症の人やその家族の視点の重視

詳しくは厚生労働省のホームページで分かる。

COLUMN by 介護の先輩

最期まで分かっていると思うこと

要介護の原因をデータで見ると、認知症の割合は右肩上がり。認知症に対する関心は高まっていますが、認知症は突然物事すべてが分からなくなると思われている方が少なくありません。私の場合も、母が認知症だと言うと、初期の頃でさえ「それで、あなたのことは分かるの?」と心配そうに聞かれました。でも、人は認知症といえども、簡単にすべてを忘れるものではありません。進行していく段階では徐々に忘れますが、ふと思い出すこともあるのです。また、分かっていても上手に表現できないこともあります。認知症になったらすべてを忘れていいという人がいますが、それは違うと断言できます。症状が出てきたときから一番つらいのは本人。そして最期まで、すべてを忘れて楽になることなどないのです。そんな身内に対してできることは最期まで分かっていると思い接すること。周囲に「何も分からないのよ」と言いつつも、本人に接するときはすべて分かっていると思って接することだと思います。

PART 1

第2章

介護保険（現代介護のベース）

介護が必要になったとき、まず考えたいのは「介護保険制度」の利用です。「介護保険制度」のサービスを上手に利用することは、介護者の身体的な労力や費用などの負担を減らし、介護される人に的確なより良い介護が提供されることに結びつきます。また介護者の精神面に関しても、不安などの解消に役立つなどのメリットがあります。この漫画の介護者、静さんのように一人でどうにかできると思う人も少なくありませんが、介護には多くに人、特に専門家の助けが必要です。

4話　ボス、介護保険を勧める

……
やっぱり介護が必要なの？
たま子さんには娘がいたよな？
いるよ
仕事と家事と子育てと… さらに たま子さんのお世話で 全然余裕がないみたいだけどね
オレ先に行くよー
ママまだー？
ちょっとまって!!
もういっぱいいっぱいだよ
それじゃぁ「介護保険」の認定もまだなんだろうな
介護保険
「介護保険」？なにそれ？
介護保険とは…
皆から集めたお金で介護が必要な人の面倒を見るという制度
だ
面倒を見てくれるの？ごはんくれるの？
ちがうちがう

じゃぁ
お金が
もらえるの？
現金を
もらえる
わけでも
ないんだ
う〜ん？
認定調査を申請して
手続きをすると
いろいろなサービスを
受けられるように
なるんだ
介護保険窓口
必要書類を
提出して
くださいね
それだけで
いいの？
もう少し
詳しく
説明するぞ
NEXT

介護保険制度を知ろう！

介護保険制度って、一言でいうとどんな制度なの？

「介護が必要になったとき、その人の家族の負担を軽減し、社会全体で介護生活を支えることを目的とした制度」。２０００年４月から施行された。それ以前、介護に関係する支援は市区町村が決定していたが、この制度が出来て、利用者自らが介護の支援をサービスとして選び、受けられるようになったのだ。

つまり、介護が必要になったら、医療と福祉、両方のサービスが必要に応じて利用できる。そして、費用は一人一人の収入に合わせた自己負担額を支払えばいいというわけだ。

年々多くの人が利用するようになって約20年。２０１８年４月時点で、加入している人（介護保険料を支払っている人）は、なんと65歳以上の人で３４９２万人となっている。

でも、それって、加入して、それなりのお金を払わないと、実際のサービスを受けることはできないんだよね。

そう、だから日本では40歳になると自動的に加入者となり、介護保険料を支払う仕組みになっている。

40歳以上の人から集めたお金で、介護が必要な人の生活を支える制度ってことなんだね。

ただし、介護保険の加入者で、介護が必要となった時にサービスを利用できるのは65歳以上の人（第１号被保険者）と、定められた病気（16の特定疾患※）で介護が必要になった場合だけサービスが受けられる40歳～64歳の人（第2号被保険者）となっている。そして利用する時には、認定調査を受けて手続きをすることが必要になるのだ。

※16の特定疾患とは
●末期がん●関節リウマチ●筋萎縮性側索硬化症（ＡＬＳ）●後縦靭帯骨化症●骨折を伴う骨粗鬆症●初老期における認知症●パーキンソン病関連疾患●脊髄小脳変性症●脊柱管狭窄症●早老症●多系統萎縮症●糖尿病性神経障害・腎症・網膜症●脳血管疾患●閉塞性動脈硬化症●慢性閉塞性肺疾患●両側の膝関節又は股関節に著しい変形を伴う変形性関節症

介護保険で受けられる介護サービス

介護保険制度を利用すると、介護認定の結果に合わせ、主に次のようなサービスが受けられる。（詳しいことは住んでいる地域の役所、地域包括支援センターに）

自宅で利用するサービス ▶本誌P52参照	訪問介護	自宅でホームヘルパーが食事・排せつ・入浴などの介護、掃除・洗濯・調理などの家事を行う。	宿泊するサービス	短期入所生活介護（ショートステイ）	短期間、施設などに宿泊。食事・入浴などの支援、機能訓練などを受ける。
	訪問看護	看護師が自宅で、医師の指示に従い、医療行為を行う。	居住系サービス	特定施設入居者生活介護	有料老人ホームなどに入居している高齢者対象の介護サービス。
	福祉用具貸与	車いす、ベッドなど、日常の介護に役立つ福祉用具のレンタル。（本誌P54参照）	施設系介護 ▶本誌P161参照	介護老人福祉施設（特別養護老人ホーム）	原則として要介護3以上で、常に介護が必要な人が入所。介護を一体的に受けることができる。
日帰りで利用できるサービス ▶本誌P53参照	通所介護（デイサービス）	心身の機能を維持するためなどの訓練、食事の入浴の提供などを日帰りで受けることができる。	小規模多機能型居宅介護 ▶本誌P51参照		通所介護を中心に、ショートステイや訪問介護を組み合わせたサービス。
	通所リハビリテーション（デイケア）	日常生活での自立を目的に理学療法士や作業療法士などがリハビリテーションを施す。	定期巡回・随時対応型訪問介護看護		24時間、利用者の状態に応じて、介護と監護が自宅で受けられる。

（厚生労働省パンフレットより作成）

介護サービス利用の流れ

いろいろな介護サービスを利用するのには、どうすればいいの?

まずは申請をすること。利用者の状態を判断してもらうために役所などに認定審査を申し出る。そうすれば、調査や審査などが行われて、サービスが受けられるようになるのだ。

利用者の状態って変わるよね。変わったそのときにはどうなるの?

2年ごとに介護認定は行われるが、その前に、あまりにも状態が変わった時は更認定を申請すればいい。

①申請

各市区町村の窓口、もしくは地域包括支援センターで（第1号被保険者は「介護保険の被保険者証」、第2号被保険者は「医療保険の被保険者証」が必要）

②認定調査

認定調査員（市区町の職員など）が自宅などを訪れ、心身の状態などの聞き取り調査をする。（基本調査は74項目）〔同時に、主治医にその人の心身の状態の意見書を作成してもらう。（地区町村が依頼）〕

③審査・判定

まずはコンピューターで判定。次に保険・福祉・医療の学識経験者からなる「介護認定審査会」によって、介護支援のレベルを判定。（要介護1～5、要支援1・2の7レベル）

④認定結果の通知

⑤ケアプランを作成

要介護1～5と認定され、在宅介護を行う場合は居宅介護支援事業者と契約。その事業所のケアマネジャーにケアプランの作成を依頼。施設入所の場合は施設へ依頼。要支援1・2の場合は、地域包括支援センターにプランを依頼。

⑥介護サービスの利用

「介護保険被保険者証」と「介護保険負担

割合証」を提示し、サービスを受ける。このとき、利用者の自己負担額は収入に応じて1～3割になる。

要介護とか、要支援とか言われても、どんな風なのか分からないね。

一番介護の必要性が低いのが要支援1。たくさんの介護が必要なのが要介護5。それぞれの大体の目安は、こんな感じだ。

要支援1＝食事・排せつは自身でできる。部屋の掃除、着替えなど、一部手助けや見守りが必要。回復可能性大。

要支援2＝食事・排せつは自身でできる。入浴、歩行などに何らかの手助けが必要。要介護になる可能性がある。

要介護1＝入浴・着替え・排せつ・歩行などに一部介助が必要。理解力の低下、混乱が少しみられることがある。

要介護2＝入浴・着替え・排せつなど、より見守り・介助が必要。理解力の低下、混乱が時折みられることがある。

要介護3＝身の回りのことが1人ではできなくなる。介助が必要。理解度の低下が全般的にみられ、問題ある行動が増える。

要介護4＝身の回りのことがほぼできない。歩行・排せつも一人ではできない。理解力がかなり低下し、問題ある行動が多くなる。

要介護5＝生活全般にわたり全介助が必要。ほぼ寝たきりの状態となる。理解度がかなり低下し、受け答えができなくなることも。

それぞれの要介護の人は、どんなことで介護されているのかな？

厚生労働省の「2016年国民生活基礎調査の概況」で、要介護の原因を見てみよう。

要介護1＝認知症（25％）高齢による衰弱（14％）脳血管疾患（12％）

要介護2＝認知症（23％）脳血管疾患（18％）高齢による衰弱（13％）

要介護3＝認知症（30％）脳血管疾患（20％）高齢による衰弱（13％）

要介護4＝認知症（25％）脳血管疾患（23％）骨折・転倒（12％）

要介護5＝脳血管疾患（31％）認知症（20％）骨折・転倒（10％）

病気や衰弱は仕方がないとして、転ばないようにだけはしたいね。

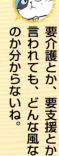

在宅介護を詳しく知ろう① ～地域密着型サービス

「家に居るか、施設に入るか」。介護というと、この二つのうち一つを選ばなきゃいけないみたいに考える人多いね。

家VS施設の考えだな。でも、家での介護にしても、介護保険サービスにも、「居宅介護サービス」と「地域密着型サービス」があって、いろいろな介護方法がある。

地域密着型サービス？何、それ？

介護が必要になっても、住み慣れた地域で生活ができるように作られたサービスだ。事業者の指定や監督を各市区町村が行い、地域の事情にあったサービスを提供してもらえる。

普通の居宅介護サービスとの違いは何なの？

内容的にも若干違いはあるが、大きな違いは、何といってもサービスを行っている事業者と同じ市区町村に住んでいなければ、利用できないということだ。

じゃあ、利用したければ、引っ越せばいいじゃない。

それはダメな場合もある。何か月以上住んでなければ利用できないという条件を設定している地域もあるからね。
とりあえず、サービスには、どんなものがあるか、地域介護に詳しいノラ太とノラ子に、もう少し詳しく説明してもらおう。

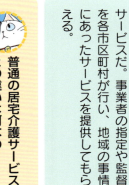

OK。ボクが一押しのサービスは、地域ならではの**「定期巡回・随時対応型訪問介護看護」**だ。

これは、昼間も夜間も訪問介護と訪問看護を行うサービスで、介護される人の在宅生活を24時間支えるサービス。2012年に作られて、まだ事業所がない県もあるけれど、徐々に知られるようになって、利用者も着実に増えているよ。

私のお勧めは事業所も利用者もどんどん増えている**「小規模多機能型居宅介護」**。これは、通所介護と訪問介護、そしてショートステイが同じ事業所で受けられるサービスよ。

毎日24時間介護が必要な方が、自宅で生活を続けることができるようにと作られたのよ。

2006年にスタートして、2015年の7月には、事業所数が4，905件、利用者数は91，495になっているわ。

そうそう、この小規模多機能型居宅介護に訪問看護のサービスが付いた「看護小規模多機能型居宅介護」も最近増えてきているわ。医療ケアが必要な人には安心ね。

今、ノラ太とノラ子が紹介してくれたサービスの他にも、少人数のデイサービス**「地域密着型通所介護」**、認知症の人を対象にした少人数のデイサービス**「認知症対応型通所介護」**もある。それと、地域密着型サービスには、施設介護サービスもある。**「認知症対応型共同生活介護」（グループホーム）**は特に知られている。（詳細はP161）

ところで、厳密にいうと、地域密着型サービスを受けられるのは介護1〜5の人なのだ。

え〜、じゃあ、要支援に認定されている人は、このサービスは受けられないわけ？ それってなんか納得いかないな。

いやいや、大丈夫。要支援1・2の人には、地域密着型介護予防サービス、介護予防認知症対応型通所介護、介護予防小規模多機能型居宅介護などがある。

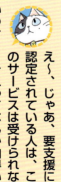

在宅介護を詳しく知ろう② ～訪問と通所

在宅で利用する介護保険サービスは、「来てもらう」「出かけていく」の二つが基本だよね。

自宅で利用するサービスには、自宅でプロによる次のような専門的な介護支援を受けることができるぞ。

訪問介護

●**身体介護**：「排せつ・食事介助」「清拭・入浴、身体整容」「体位変換・移動・移乗介助・外出介助」「起床および就寝介助」「服薬介助」「自立生活支援のための見守り的援助」

●**生活援助**：「掃除」「洗濯」「ベッドメイク」「衣類の整理・被服の補修」「一般的な調理・配下膳」「買い物・薬の受け取り」

※生活援助としてできない行為

「直接本人の援助」に該当しない行為：利用者以外のものに係る買い物・調理など。利用者の居室以外の部屋の掃除など。

「日常生活の援助」に該当しない行為：日常生活を営むのに支障がない行為（草むしり、ペットの世話など）、日常に行われる家事の範囲を超える行為：大掃除、屋内外家屋、植木の剪定などの修理。

サービス時間はどれくらいなの？

身体介護は「30分未満」「30分以上1時間未満」「1時間以上1時間半未満」。1時間半以上は30分ごとに増やせる。生活援助は「30分以上1時間未満」「1時間以上1時間半未満」。両方とも夜間や早朝はサービス料金が高くなる。

訪問入浴介助

浴槽・湯沸かし器を乗せた車で訪問し、入浴させてくれる。

訪問看護

医師の指示のもと、看護師による自宅での医療行為を受けることができる。

訪問リハビリテーション

理学療法士などが訪問し、自宅で機能訓練をしてもらえる。

介護保険制度のサービスで一番多く利用されているのは訪問介護サービスだが、日帰りで利用するサービスの代表といえる**通所介護（デイサービス）**も利用者は増えている。

２０１６年から２０１７年の間で事業所は５１９件増えて、２３，５９７件となっている。

そして、事業所の数が増えているだけじゃなく、いろいろな趣向を凝らしたところが増えて、個性的なものができているぞ。

以前はお風呂に入るための場所、みんなで一緒に歌を歌う所みたいなイメージがあったけど、今は運動したり、料理や手芸をしたり、カジノみたいなところもあるものね。

ものすごく大人数の所があるかと思えば、こぢんまりして第2の家族みたいなところもあるね。

「私たちのノラ友だちが送ってくれたデイサービスの写真を見て！」

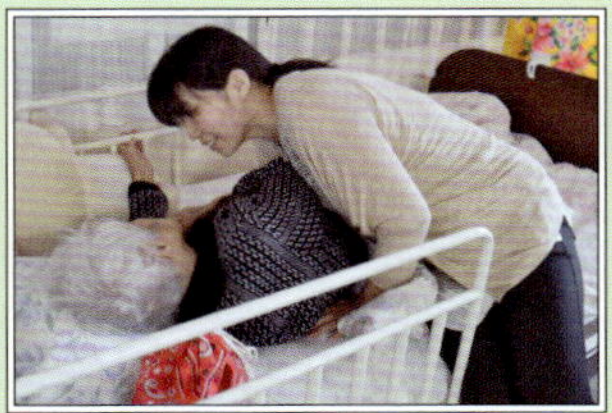

介護度が上がっても、優しく対応してくれる。

人寄せ羊、見に来る人でデイは賑やかだとか。

みんなで体操！みんな元気！

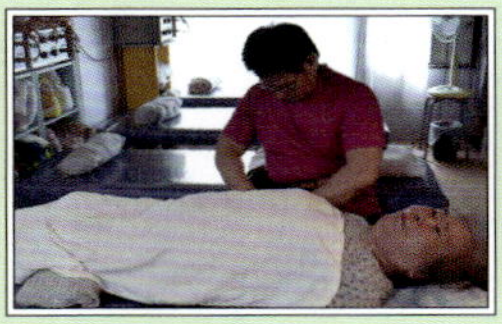

マッサージをしてくれるところもある。気持ちよさそう！

マシーンで身体の機能をアップ！楽しそう！

タブレットで脳トレ？ 新しいものにも挑戦だ！

住宅改修と福祉用具の貸与・購入

介護保険を使うと、家に手すりを取り付けてくれたり、介護に必要な道具を安く借りることができるってホント？

介護される人が使いやすいように家をリフォームしてくれる「**住宅改修サービス**」、介護に必要な福祉用具を貸与・購入できるサービスがある。

そうなんだ。ボクのネコ用のドアが古くなってきたんだけど、それって直して……。

それはダメ！　これは介護される人の生活環境を整えるためのサービスだから、本人以外は使えない。

えー、一緒の家でも、家族のためには何もしてもらえないんだ。

当然だ！　このサービスは例えば、歩くことが不自由になった人のために手すりを取り付けたり、段差のある所にスロープを作る。そんなバリアフリーをはじめとしたリフォームをして、介護される人が自宅で出来るだけ不自由なく生活し続けられるようにするのが目的なのだから。
　福祉用具の貸与・購入も同じ。介護される人本人に必要と判断されたものだけを安く購入したり、借りることができるのだ。

介護保険ではどのくらいのサービスを受けられるの？　何回でもお願いできて、いくらでもOKということはないでしょ？

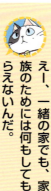

一回の改修の限度額は20万円。ただし、利用者は自分の収入に応じて、1割～3割、自己負担をしなければならない。

このサービスは原則1人1回だが、転居、あるいは利用者の要介護度が3段階以上上がったときは再度受けられることになっている。

福祉用具の購入は、原則年間10万円程度。貸与になじまない性質の用具などが対象となっている。

住宅改修の流れ

①ケアマネジャーに相談

②プラン・見積もり

施工業者に参加してもらい住宅改修のプラン、および見積もりを作成。

保険者（市区町村）への事前申請「受給申請書」「住宅改修が必要な理由」「工事費見積書」「住宅改修後の完成予定の状態が分かるもの」を提出する。

③施工・完成

④住宅改修費の支給申請・決定

「住宅改修に要した費用に関わる領収書」「工事費内訳書」「住宅改修の完成後の状態を確認できる書類（改修前、改修後、撮影日が分かる写真）」「住宅所有者の承諾書（住宅の所有者が当該利用者ではない場合）」を提出する。

⑤保険給付分の支給

貸与できる福祉用具

車いす（付属品を含む）・特殊寝台（付属品を含む）・床ずれ防止用具・体位変換器・手すり・スロープ・歩行器・歩行補助杖・認知症老人徘徊感知機器・移動用リスト（つり具の部分を除く）・自動排せつ処理装置

保険給付で購入可能な福祉用具

腰掛便座・自動排せつ処理装置の交換可能部・入浴補助用具（入浴用いす、浴槽用手すり、浴槽内いす、入浴台、浴室内すのこ、浴槽内すのこ、入浴用介助ベルト）・簡易浴槽・移動用リフトのつり具部分

借りるときのポイント

●ベッド：幅広（100cm以上）上下機能があるもの。

●杖：P123を参照。

すり減った杖先ゴムは危険なので、替えを買っておくこと。

※どんな福祉用具でも、介護される人が使う前に、まず介護する人が試してみましょう。使ってみて違和感がある道具は、介助される人が快適に使えることはないでしょう。

福祉用具の貸与・購入時のアドバイス

一般の店で売られている、ユニバーサルデザインの機器（誰が使っても使いやすいように開発されたもの）の中にも、介護に役立つ用具があります。これらも福祉用具と原則的に一緒のもので、使いこなせれば、福祉用具よりも役立つことがあります。ただし、どれを使うのがいいのかは、一人一人によって異なるので、隣のお婆ちゃんが使えてもウチのお爺ちゃんが使えるとは限りません。

また、介助場面でさまざまな福祉用具が活躍しますが、福祉用具と介助は別々には考えられないものです。ある福祉用具を利用者が上手く使えないとき、それはその方のせいではないので、福祉用具と使い方を教えてくれる専門家に、聞いてみてください。

5話　静、1人介護の限界に気づく

ニャ？
お母さん!?
何？
何？
何？
何？
どこ行ってたの!?
何
何？
警視
いやーよかったですね
2駅先の駅前のベンチに座っていました
この暑い中 コート姿で…
気になった売店の方が声をかけたら「家に帰れない」とおっしゃったそうで…
無事でホッとしたけど…
どうして2つも先の駅に行っちゃったの？
どうしてって…
買い物に行こうと思って家を出たんだけど
気がついたらどこに居るのか分からなくなっちゃって…
……

怖かった…
分かった
分かった……
今日はもう休んで
だけど…
また同じ事が起きたら
どうしよう…
朝からカギの取り付け
してもらっちゃって
ゴメンね　緊急事態で…
ギューン
いいよいいよ
静ちゃんの
頼みだからね
ブロロロ…
ありがと！
お客さん
かい？
ガチャッ
あー
うん
玄関のカギが
変だったから
直してもらって
たのよ
じゃぁ私
仕事に行くね
これで
安心だわ
あら
もうこんな時間
玄関の外の掃除
しなくちゃね

あら？
開かない
直したって
言ってたのに
？
じゃ 庭から
出ましょうか
アレ!?
門も開かない！
ガチャッ
どうして…？
サーッ
誰か
助けて～!!
閉じ込められた～！
助けて～！
ガチャ
ガチャ
ざわ ざわ
ざわ ざわ
ざわ
POLICE

すみません
すみません!!
ペコ
ペコ
だめですよ
外カギ付けて
閉じ込めちゃ!
はぁ
何で
開かなかった
のかしら…?
……
ヤギ
もう一度
見てもらってね
ずず…
あ
コラ!
ジュリー!
バサッ
ん!?
あ～もう!
どうすれば
いいのよ～!
…………
介護保険
パンフレット

市役所
介護保険を利用したいのですけど…
はい
認定調査の申請手続きですね
申請書
あ…お母さんの介護保険証がいるんだ…
ねぇお母さん
介護保険証どこにある？
え？そこの引き出しかな？
どうして？
お母さんの介護保険申請するのに必要なの
介護!!??
私にはそんなもの必要ないわよ!!
自分のことは自分でできるわ！
絶対にイヤ!!
ちょ 落ち着いて
とりあえず申し込むだけけよ
その後 結局しぶしぶだけどたま子さんは納得してくれました

COLUMN by 介護の先輩

介護の基本は「1人で抱え込まない」だけれど

マンガの静さんは1人でどうにかしようと思っていたところ、にっちもさっちも行かなくなり、他者の協力を得ながら母親の介護を行うことを決心しました。静さんの考えはごく普通で、多くの場合、家族内でどうにかしようとするでしょう。でも私の周りで親の介護をつつがなく行っているケースは、ケアマネさん、ヘルパーさんなど優秀な介護プロが身近にいて、支えてもらっている人たちです。人と一緒に何かをすること自体に苦手な方も多いでしょうが、介護だけは99%他の人との協力、連携が基本となります。家庭での介護は1人で抱え込まなくても、1人で行わなければならないことが、時が経つにつれ山と浮上してきます。それでも1人で頑張ろうとすれば生活にひずみが生じ、やがて介護する人される人が共倒れになります。ホラー映画ではありませんが「決して1人では見ないでください」なのです。私自身もどれだけ多くの方々と接し、助けていただいたか。両手両足の指で数えきれないほどです。

COLUMN by 介護の先輩

要介護で変わっていく親子関係

もう一つ、「1人で抱え込まない方がいい」ことの理由の一つに、家族介護ならではの問題があります。家族関係の変化です。一般的に親は高齢になっても、心身ともに元気ならば親という意識が強く、上の立場にいます。また、子どもは独立して自分の家族を持っていても、親が心身ともに元気なうちは、頼る気持ちが心のどこかに残されています。しかし、親が自分の身の回りのことを自らできなくなったとき、子どもに頼らなければできないことが出てきたとき、これまでの関係を変えたくない親と、変えようとする子どもとの間で問題が起こります。「老いては子に従え」といいますが、現実はそう簡単にはいきません。「親の心子知らず」と同時に「子の心親知らず」となり、介護生活がスムーズにいかなくなることも多いのです。夫婦の場合も同様で、どちらかに介護が必要になったとき、2人の関係は変化していきます。そんなときに介護のプロに入ってもらうことで家族関係の悪化が防げることもあるのです。

PART 1

第3章

介護と医療

いい医師と知り合うことで、介護のクオリティは大きく向上します。いい医師というと大病院の専門医をイメージしがちですが、まず大切なのは当事者の体質など身体の状態などを把握してくれている医師です。そのためには、若いうちから身体のことを相談できるかかりつけの医師を持っておくことです。ただし、認知症など専門的な治療が必要な病気は、その病気に対する正確な知識を持ち、患者や家族と真摯に向き合ってくれる医師を探したほうがいいでしょう。

6話 かかりつけ医探し!?

お母さん
介護保険の申請に
「かかりつけ医」が
必要なんだけど
誰かいる?
ん〜…?
いないわねぇ
ということ
なんだけど
うーん
どこか
いいお医者さん
いない?
ここのところ
身体の調子も
悪いみたいで
心配だし
以前骨折したとき
入院した
長寿総合病院は
家から遠いし
混むから…
だったら
一番近くの
A医院がいいよ
ちょっと…
人の親だと
思って…
近いからって
いうだけで…
そんなことないよ
年配の患者さん
多いみたいだし
それなりに人気が
あるんじゃない
かなぁ?
じゃあ
行ってみよう
かしら…

A医院
受付
ぺちゃくちゃ
ぺちゃくちゃ
ぺちゃくちゃ
確かに人気みたいだけど
年寄りばかりだわね
自分だって年寄りじゃない
佐藤たま子さ～ん
失礼しま～す
ガラッ
はーい
え～なになに? 介護保険の申請をするのね
あと? 眠れなくて元気がない… ハイハイハイ
年齢的によくあることですね……
・・・・・
良いお薬たくさん出しておくからお母さんすぐ落ち着くよ 大丈夫大丈夫
ハッハッハッ
ホッ
そうですか
大丈夫だって! これで安心ね!
あんまり信用できないわね
どっさり
服薬

翌朝
あらっ お母さん まだ寝てるわ
でも 寝不足だった みたいだし しょうがないわね
カー カー
ただいまー!
え!? もう寝てるの?
ごはん! ごはーん!
ニャー ニャー
じゃなくて 朝からずっと 寝てるの!?
お母さん! 起きてよ!!
ご飯食べて ちゃんと薬飲んで!
うーん
それから数日間 たま子さんは1日のほとんどを 眠って過ごした…
トイレ…
ニャーッ
ごはーん
もしこのまま 寝たきりにでも なったら…!?
ボーッ
あ!
そうだ… あそこに相談 してみよう!
長寿総合病院 相談室
なるほど
でしたら ご自宅から近くて 認知症に詳しい 物忘れ外来の Bクリニックを ご紹介しますね!

落ち着いてて明るいわね
Bクリニック
失礼します
はーい
こんにちは 中井むつみです 佐藤たま子さんですね 初めまして!
たま子さん今日はお元気そうですね!
はい
じゃあまずは今どんなお薬を飲んでいるか見せていただけますか?
随分たくさんありますね
飲むだけで大変だったでしょ
診察後
先生… それで母はどうなんでしょう
認知症って言われるかな
う〜ん
お嬢さんが心配されるほど悪くないですよ とりあえず薬の種類を最小限にして様子を見ましょう 一週間後にまた来てください!
ホッ…
いい先生で良かったわ!
往診もしてくれるらしいし 他の病院と連携してるから安心よね!
ボクのごはんも安心!

かかりつけ医は介護生活に欠かせない存在!!

「かかりつけ医」って何？　介護に関係なくてもいた方がいいって言うけど、みんなに必要なの？

そうなのだ。「かかりつけ医」が必要なのは、高齢者だけじゃない。日本は今、どんな人でも「かかりつけ医」がいると、医療を受けやすいシステムになっている。「かかりつけ医」の定義はどんなことかといえば、「**何でも相談できるうえ、最新の医療情報を熟知して、必要なときには専門医、専門医療機関を紹介でき、身近で頼りになる地域医療、保健、福祉を担う総合的な能力を有する医師**」（日本医師会　四病院団体協議会（2013））

今一つ分からないな。具体的にはどんなことがいいのか、整理して教えてよ。

まとめよう。「かかりつけ医」がいれば、次のようなメリットがある。

- 日常的に健康管理をしてもらうことで、重い病気のときはすぐに専門機関につなげてもらえる。早い診断、早い処置が可能になる。
- 総合病院受診のときに「紹介状」を書いてもらえる。「主治医の意見書」や「診断書」等が必要になったときに、すぐに頼める。
- 介護が必要になったとき、介護関係者と連携して適切な看護を指示してもらえる。
- 介護度が重くなったとき、家で最期まで診てもらうことができる。（昨今往診、看取りなどをしてくる医師は増えている）

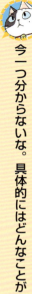

「かかりつけ医」は、一生のお付き合いだね。いいお医者さんにめぐり会わないと。でも、見つけるのが大変な気もするね。

医療的な技術だけじゃなく、お互いの相性もあるからな。一応「かかりつけ医」を選ぶときの最低条件を教えよう。

☆一般的には内科の医師がいいと言われるが、何科の医師でも幅広く診断できること。高齢者の場合は、高齢医療に詳しく、認知症に関しての知識も持っていることが望ましい。

☆できるだけ家の近くで、24時間対応してくれるか、何らかの形で連絡が取れるか、あるいはほかの医師や地域の医療機関と連携しているといい。

☆高齢者介護の知識があり、積極的に取り組んでいる。医療関係者だけではなく、福祉や介護関係者ともつながっていること。

☆☆終末医療にも携わってくれる。本人との相性がいい。一方的な診断ではなく、本人や家族の話をきちんと聞いてくれ、対応してくれることが理想。

COLUMN by 介護の先輩

ありがたかった気遣いと優しさ

介護において、医師のことはよく話題に上ります。要介護になった場合、かかりつけ医を決めるチェック項目はいくつかありますが、私の経験上、まずは介護が必要となった人にどのように向き合ってくれるかということが大切でしょう。初診の場合はもちろん、以前からよく診てもらっている医師でも、心身が衰えた患者への対応が以前と異なるようであれば、違う医師を探したほうがいいと思います。そして相性の問題。良い先生という評判があっても、診てもらう本人と相性が今一つということもあるので評判の良さだけでは判断しないように。ちなみに、20年近い母の介護生活で、私はいろいろな医師と出会いました。特に後半、母はどんどん良い先生にめぐり会っていったような気がします。特に最後の担当医は、母にとって最良でした。その医師はほとんど口から食べることができず、もうろうとしていた認知症の母を気遣い、本人の前で病状の悪化を告げることを避ける優しさがありました。

6.5話　病院選び、その後…

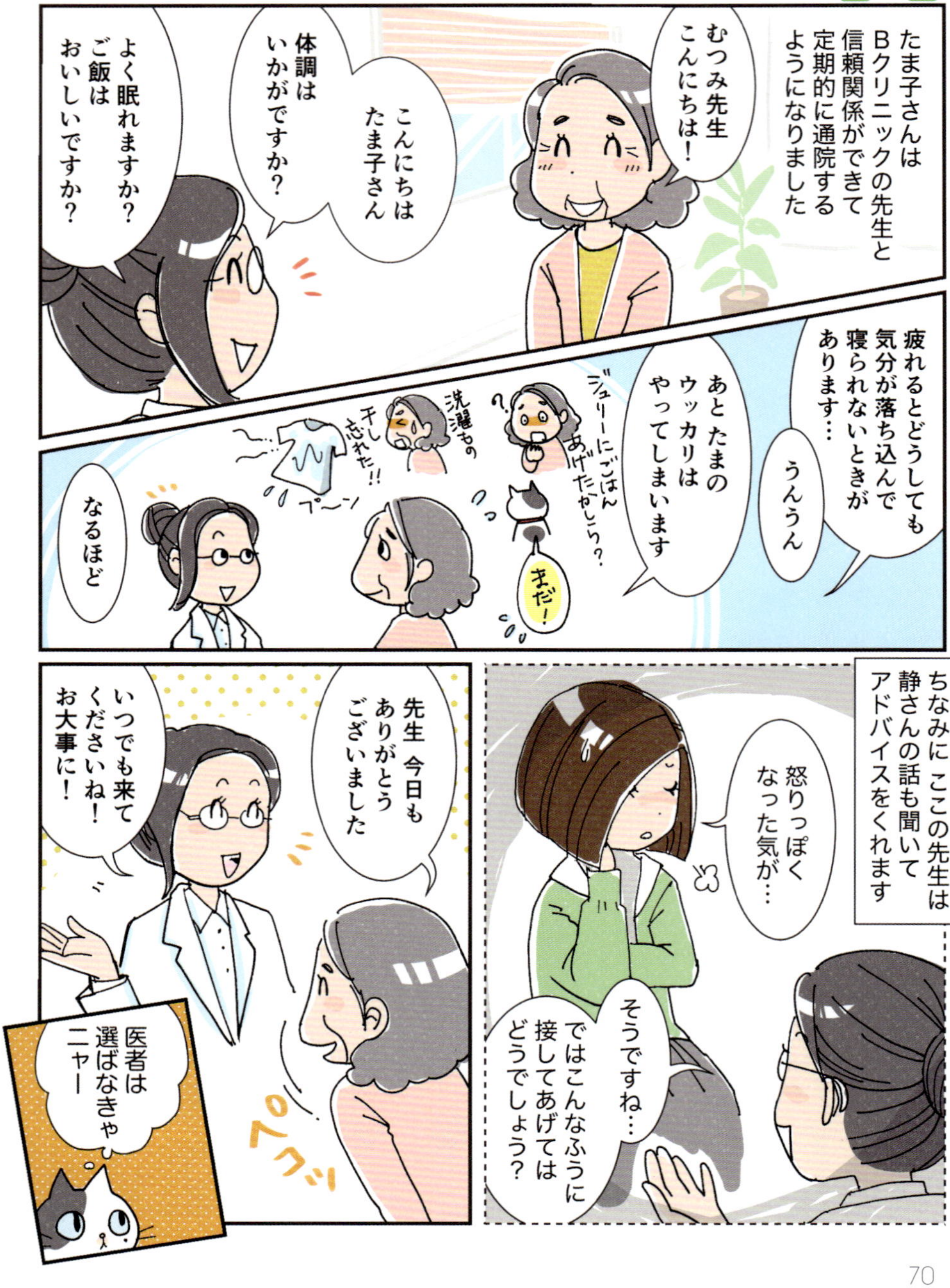
たま子さんは
Bクリニックの先生と信頼関係ができて定期的に通院するようになりました
むつみ先生 こんにちは!
こんにちは たま子さん
体調は いかがですか?
よく眠れますか? ご飯は おいしいですか?
疲れるとどうしても気分が落ち込んで寝られないときがあります…
うんうん
あと たまの ウッカリは やってしまいます
ジュリーにごはんあげたかしら?
まだ!
洗濯もの干し忘れた!!
プ~ン
なるほど
ちなみに ここの先生は静さんの話も聞いてアドバイスをくれます
怒りっぽくなった気が…
そうですね… ではこんなふうに接してあげてはどうでしょう?
先生 今日も ありがとう ございました
いつでも来て くださいね! お大事に!
ペコッ
医者は 選ばなきゃ ニャー

認知症の治療

認知症は治療をしても治らないんでしょ？

いや、原因によって、完全に治る認知症も中にはある。でも、それはほんの一部の限られた認知症だ。アルツハイマー型の認知症のように原因さえ分かっていない認知症も多くある。完治することはほとんどないのが現状だ。

でも、その人らしく、その人なりに生活できるように介助することで、現状を維持して、進行を遅らせたりすることはできるのだぞ。

どんなことをすれば、進まないの？

薬とかもあるみたいだけれど、普通の病気とは違うから、医者だけに頼っても、難しいみたいだ。

家族とか知り合い、周囲の福祉・介護関係者の対応も、症状の改善には必要だ。

ただ、治療の中心になるのは何と言っても医者だから、医者選びはとても重要。大切なのだ。

でもさ、その人に合ったかかりつけ医を見つけるだけでも労力いるみたいなのに……第一認知症に詳しいお医者さんて、少ないでしょう。

でも、以前に比べたら、認知症を理解しているお医者さんは増えてきているぞ。町のお医者さんに助言・相談を行う「**認知症サポート医**」の養成も積極的に行われている。これは、**新オレンジプラン**（P41参照）にも組み込まれているし、厚生労働省が、認知症地域医療支援事業として、「認知症サポート医養成講座」を行っているのだ。

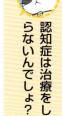

薬による認知症の治療

治療に使われる基本的な薬を、たま子さんの「かかりつけ医」になったむつみ先生が表にまとめてくれた。難しいから、こういうものがあるのだと、見てくれればいい。

むつみ先生

認知症の薬物治療

神経伝達物質に作用して、認知症の進行を抑制する

薬品名	ドネペジル	ガランタミン	リバスチグミン	メマンチン
製品名	アリセプト	レミニール	イクセロン リバスタッチ （2種類）	メマリー
作用機序	AChE（コリンエステラーゼ）阻害			過剰なグルタミン酸によるNMDA受容体の活性化を抑制して神経細胞を保護
		nAChR（ニコチン性Ach受容体）にAPL（アロステリック結合）する	BuChE（ブチルコリン）の活用化	
副作用				
消化器症状 食欲↓ 悪心 嘔吐 下痢など	●	●		活気↓ 発語↓ 体重減少 便秘
いらいら・怒りっぽい	●			稀に
頭　痛		●		●
めまい				●
貼付部位の炎症			●	眠　気
剤　形	錠、D錠、細粒、ゼリー	錠、OD錠、内用液	パッチ	錠
代　謝	肝代謝		腎排泄	

※左の３種類の薬剤（ドネベジル、ガランタミン、リバスチグミン）は、主たる作用がAC h E阻害効果なので、どれか１種類しか処方できないが、メマンチンは作用機序が異なるので、左の薬剤と併用できる。

※ NMDA受容体：記憶や学習、また脳虚血後の新規細胞壊死などに深く関わる受容体であると考えられている。

かかりつけ歯科医も必要！

「かかりつけ医」と同じくらい必要なのが「かかりつけ歯科医」だ。

「かかりつけ歯科医」!? 何でもかかりつけだね。

そういうことだ。で、歯なんだが、高齢者に限らないが、特に高齢者は歯の定期検診は必要だし、同じ歯医者さんに診ておいてもらうことで、自分では気が付かない状態が分かるからいいのだ。日本歯科医師会も「かかりつけ歯科医」をつけて、定期的に受診するようにと、パンフレットを配っているぞ（2018年12月）。

「かかりつけ歯科医」とは

安全・安心な歯科医療の提供のみならず医療・介護に係る幅広い知識と見識を備え、地域住民の生涯に亘る口腔機能の維持・向上をめざし、地域医療の一翼を担う者としてその責任を果たすことができる歯科医師。

歯のケアが十分できなくなると、歯や歯ぐきも悪くなっちゃうんだ。

そして悪くなったことに気が付かないでいると、歯周病になって、糖尿病、脳梗塞、アルツハイマー型認知症、心筋梗塞、動脈硬化、リウマチ、バージャー病、誤嚥性肺炎、肝炎、悪性腫瘍、産婦人科疾患にかかるリスクが、うんと高くなるのだ。

定期検診は保険適用だから、3か月に1度診てもらうといい。寝たきりになっても、訪問歯科診療を利用すれば自宅で診てもらえる。それと、歯科医師には「飲込み」の良し悪しも相談できる。

注意したい高齢者の症状と予防

脱　水（だっすい）

高齢者はのどの渇きを自覚できず、トイレ介助に気を遣うことで、水を飲むことを控えて、水分が不足しがちです。成人は1日1.5～2ℓの水分が必要なので、頻繁に水分補給をするようにします。

便　秘（べんぴ）

運動不足から便秘になりやすい傾向にあります。食事、運動で改善を。排便は毎日ではなく3日に1回程度で大丈夫です。

誤嚥（ごえん）

誤嚥性肺炎、窒息に至ることもあるので注意が必要。飲込みに問題を感じたら、歯科医などに相談を。

低栄養（ていえいよう）

高齢医者が陥りやすいのが、エネルギー不足とたんぱく質不足の低栄養。詳しくは本誌P135を参照。

感覚器障害（かんかくきしょうがい）

視力低下は白内障、緑内障、黄斑変性症などが起きていることも。異変を感じたら、眼科、耳鼻科の受診を早めに。

廃用症候群（はいようしょうこうぐん）

心身の機能が全体的に低下していき、寝たきりにつながることが多いので、医師に相談しながら機能回復訓練を。

COLUMN by 介護の先輩

歯はなくとも口腔ケアを

介護だけはなく、昨今口腔ケアが重要視されています。自分の歯を残すことは心身の健康上必要なことと言われますが、目下介護が必要な年齢の方たちは歯を朝晩磨くくらいの習慣でしたから、総入れ歯の方も少なくありません。私の母も介護が必要になった時、すでに総入れ歯で、かかりつけの医師から「高齢になると総入れ歯の方がいいですね。通院できなくても入れ歯さえ持ってきてもらえば」と言われました。今思えば、入れ歯よりも大切なのは本人の口腔ケアなのですが……。ただ最初に作ってもらった入れ歯は母のお気に入りで、本人がなくしてしまってからは他の入れ歯は受け付けず、母は歯ぐきの食生活となりました。人は歯が無くなっても大丈夫と周囲から聞かされていましたが、まさに母もその例にもれず歯ぐきでモグモグと食事をしていました。歯は大切ですが、それ以上に大切なのは咀嚼をすることなので、周期的な口腔ケアで口の中の清潔を保つことは介護で大切だったと実感しています。

PART 1

第4章

介護とお金

介護というと真っ先に費用面のことを気にする人は少なくありませんが、確かにお金次第で介護の内容が変わってくることは否めません。しかし、額面通りの金額だけでなく、介護者の時間や労働から、病気の症状、支払金額の控除など、いろいろな要素を考えることも大切です。それによって実際の支出はかなり変わります。基本的な支出は当事者の資産・年金収入などで賄うことですが、計算通りにいかないのも、どんな変化が起きるか分からない介護の特徴といえます。

7話　介護費用はどのくらい？

お母さん 確か医療保険いくつか入ってたわよね？
昔はね… でもあなたたちが独立してからは最低限まで減らしたわ
そうなのね… その保険で今回の病院代出るかしら？
出ると思うよ？ リビングの引き出しに証書が入ってるから…
あと今まで払ってもらった分は返すわね
さっすがお母さん お金の事はしっかりしてるわ
あった これだわ
本当少ない… 1日3千円？ 歳取ると減るのねぇ
あれ…解約した保険 高額支給だったんだわ あ～もったいない…
ん？ 介護の保険… なんだ 入ってないや
あ…通帳 ちょっと 覗いちゃお…
わ～ 結構ある！
勝手に 見ちゃって いいのかなぁ ……

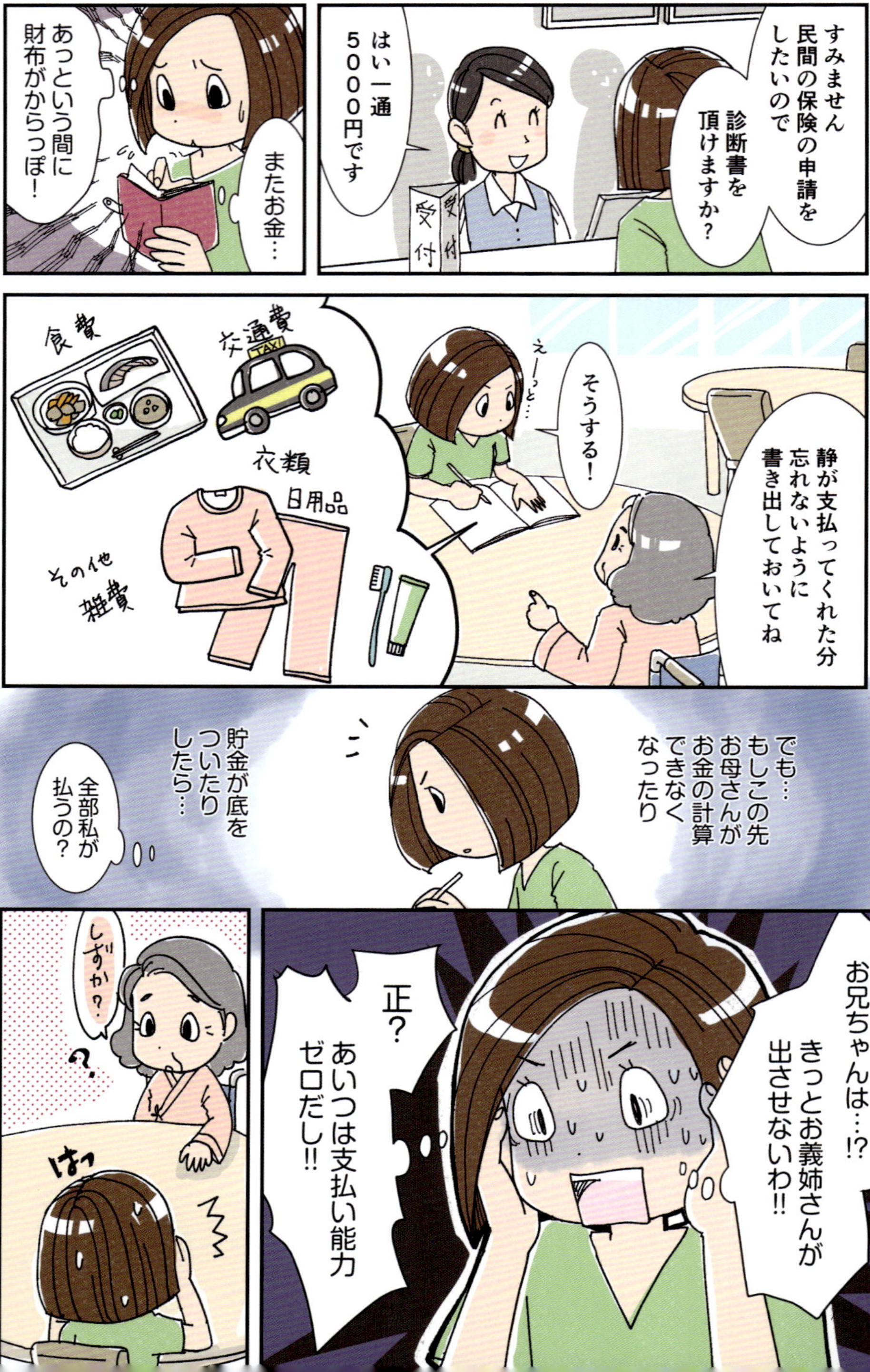
すみません 民間の保険の申請をしたいので
診断書を頂けますか？
受付
はい 一通 5000円です
またお金…
あっという間に財布がからっぽ！
静が支払ってくれた分 忘れないように書き出しておいてね
そうする！
え――っと…
交通費
TAXI
食費
衣類
日用品
その他雑費
でも…もしこの先 お母さんがお金の計算できなくなったり
貯金が底をついたりしたら…
全部私が払うの？
お兄ちゃんは…!?
きっとお義姉さんが出させないわ!!
正？
あいつは支払い能力ゼロだし!!
しずか？
？
はっ

いってきまーす
ねぇ…もしお母さんが介護生活になったらどのくらいのお金がかかるのかなぁ？
会社に何人か介護経験者がいるから聞いてみるよ
ガチャ
ただいま～
おかえり
どうだった？介護のお金の話
いや～～みんな結構かかるとは言うけど具体的な額はバラバラみたいだ
たとえば…
同期のTさん
家で母親を見ているけどほとんど嫁さん任せだよ基本は母親の年金であとは嫁さんがやりくりしてくれてるみたいだよ
経理のYさん
うちは父が有料ホームに入ってるけど年金と預貯金で足りてるわ
私の負担は一切無いわよ
…
先輩のOさん
うちは要支援の母と要介護の父が田舎で2人暮らししていて
なるべく帰って様子を見るようにしてるけど交通費がバカにならないよ
費用は年金だけでは足りなくて兄弟3人で出し合ってるよ
本当人それぞれね
中には費用を支払えずに大変な思いをする人も居るみたいだよ

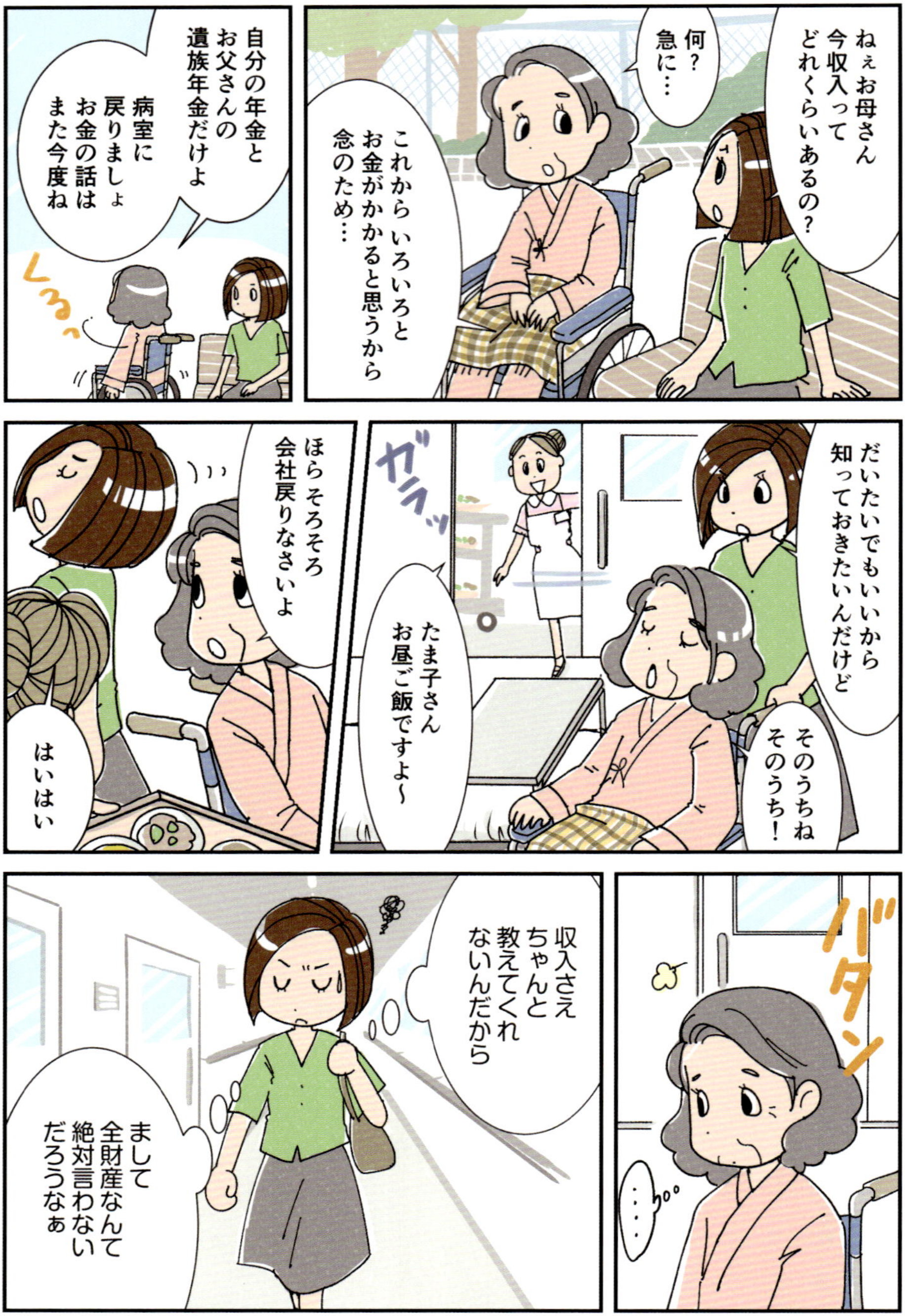
ねぇお母さん
今収入って
どれくらいあるの?
何?
急に…
これからいろいろと
お金がかかると思うから
念のため…
自分の年金と
お父さんの
遺族年金だけよ
病室に
戻りましょ
お金の話は
また今度ね
くるっ
だいたいでもいいから
知っておきたいんだけど
そのうちね
そのうち!
ガラッ
たま子さん
お昼ご飯ですよ~
ほらそろそろ
会社戻りなさいよ
はいはい
バタン
…
収入さえ
ちゃんと
教えてくれ
ないんだから
まして
全財産なんて
絶対言わない
だろうなぁ

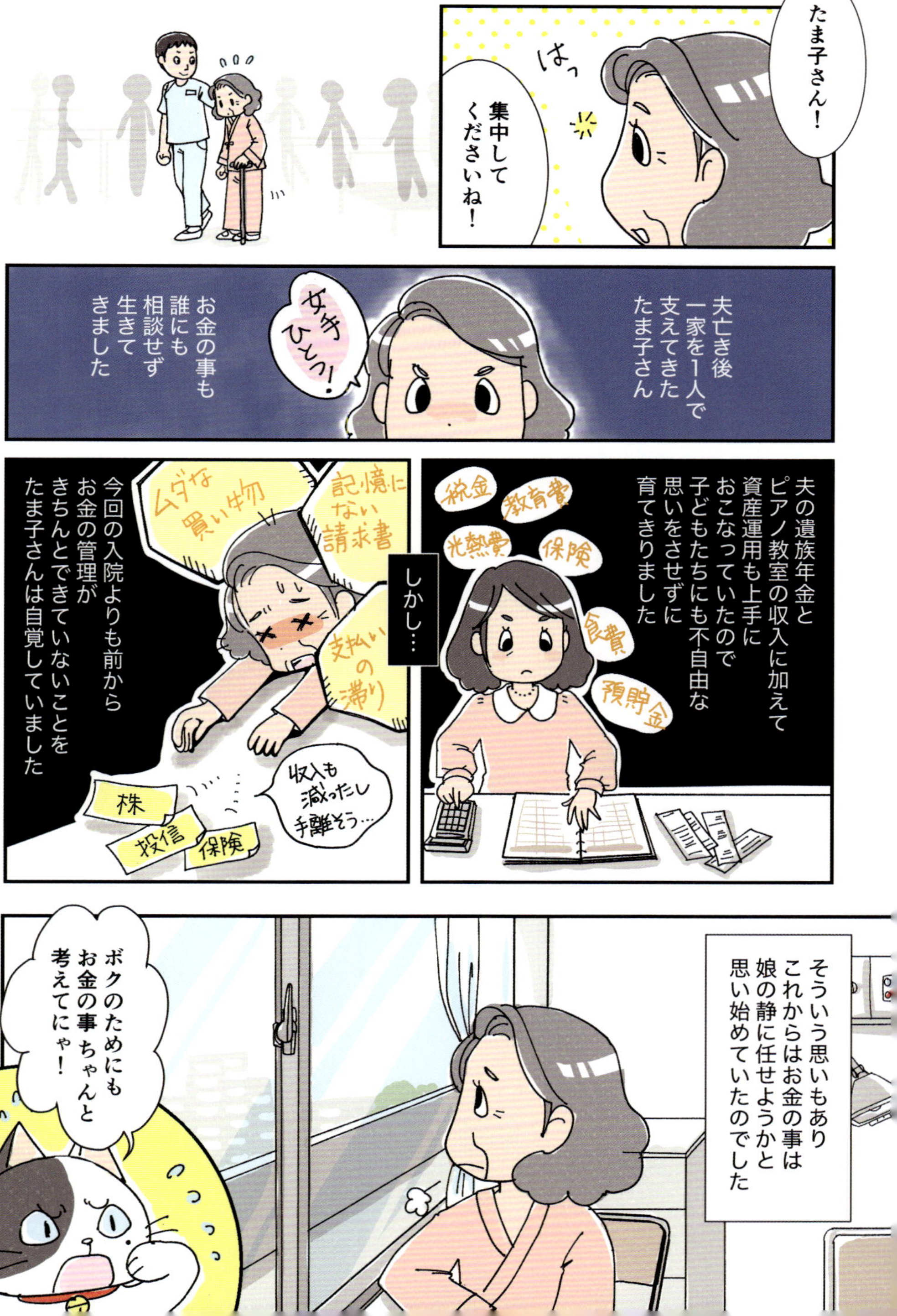
たま子さん！
はっ
集中してくださいね！
夫亡き後一家を1人で支えてきたたま子さん
女手ひとつ！
お金の事も誰にも相談せず生きてきました
夫の遺族年金とピアノ教室の収入に加えて資産運用も上手におこなっていたので子どもたちにも不自由な思いをさせずに育てきりました
税金
教育費
光熱費
保険
食費
預貯金
しかし…
今回の入院よりも前からお金の管理がきちんとできていないことをたま子さんは自覚していました
ムダな買い物
記憶にない請求書
支払いの滞り
収入も減ったし手離そう…
株
投信
保険
そういう思いもありこれからはお金の事は娘の静に任せようかと思い始めていたのでした
ボクのためにもお金の事ちゃんと考えてにゃ！

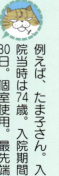

介護とお金① 大きな出費・医療費

介護というと費用を心配する人が多いけれど、どのくらいかかるもんなの？

すごく個人差があるから、一概にいくらだとは言えないのだが、介護生活で、まずかかるのは、医療費だ。

静さんも立て替えるのに慌てていたけれど、入院って、そんなにお金かかるの？

豪華な病院に入院するとか、最先端医療を受けるとか、自由診療の病院に入院するのでなければ、いくらかかるか予測できる。

そうか病院は治療費だけだもんね。

いやそれ以外にもかかるぞ。基本的に次の5つが必要だ。

入院費

- 治療、薬などにかかる医療費用の自己負担分（高額療養費制度※1）
- 入院中の食事代、居住費（光熱費）
- 差額ベッド代、（個室利用）
- 最先端医療など保険適応外の医療費
- 世話をする家族などの交通費をはじめとした雑費

表（次ページ）と照らし合わせればいいんだね。

例えば、たま子さん。入院当時は74歳。入院期間30日。個室使用。最先端医療は受けていないと考えると、総額は35万1００円。それに静さんの交通費をはじめとした費用を付け加える。

あと、病院のパジャマやタオルをレンタルしていたよ。

そうか、その他にも、なんだかんだでかかるから、50万円弱というところかな。ちなみに、静さんは「**限度額適用認定証**」（※2）を申請していたかな。

なにそれ？

病院で、自己負担の金額だけ払えばいい証明だ。

高額療養費制度・自己負担上限額・70歳以上

適用区分		外来（個人ごと）	ひと月の上限額
現役並み	年収約1,160万円〜	252,000円＋（医療費－842,000）×1%	
	年収約770万円〜約1,160万円	167,400円＋（医療費－558,000）×1%	
	年収約370万円〜約770万円	80,100円＋（医療費－267,000）×1%	
一般	年収約156万円〜約370万円	18,000円（年14万4千円）	57,600円
住民税非課税等	Ⅱ　住民税非課税世帯	8,000円	24,600円
	Ⅰ　住民税非課税世帯（年金収入80万円以下など）		15,000円

※1 高額療養費制度とは
病院や薬局で支払う額が、月の初め〜終わりで、上限額を超えた場合、超えた分の金額を支給する制度。その結果、当事者の支払いは上限額。
（例：医療費が100万円かかったＡさん（70歳以上／一般）の場合。
Ａさんは、病院窓口で30万円（自己負担3割分）を支払わなければなりませんが、高額医療制度を利用すると負担額の上限は57,600円なので、申請することで、242,400円戻ってきます。）

※2 限度額適用認定証とは
高額療養費制度は通常病院窓口など全額支払い、約3か月後に、超過分を戻してもらうシステムです。しかし、加入している保険へ申請をして、この認定証を取得しておくと、支払いの際、自己負担分だけの支払いですみます。
◎入院中の食費（全国一律）：1食あたり460円
◎入院中の居住費（光熱費）：1日あたり370円
◎差額ベッド代：個室の場合、全国平均8,000円弱。
高額の病院は、1日20万円〜30万円

●たま子さんのケース（74歳／一般／個室／入院期間30日）

自己負担額（57,600円）＋ 食費（460円×3食×30日）＋ 居住費（11,100円）＋ 差額ベッド代（240,000円）＝ 350,100円

★医療費がかかった場合、年末調整で医療費控除を受けることができます。詳しくは各地の税部署、税理士などに。

介護とお金② 理解しよう介護保険サービス

入院するとお金がかかることは分かったけど、介護全体ではいくらくらいになるの？

介護というと、すぐお金はいくらと考える人間は多いが、それは順番が違うような気がするな。大体無い袖は振れないのだから、まずは、介護が必要な人にはいくらお金があって、介護にどのくらいのお金をかけられるのか？　その金額と自分や他の家族のお財布の中身も併せて、考えることから始めた方がいいんじゃないかな。

それはそうだけれど、相場は知りたいじゃない。

それと、要介護度が高くなると介護費用も高くなるという調査結果もあるように、介護のスタート時とその後の費用は変わってくる。介護保険サービスは、その人の収入や家族の経済状態などで、支払う費用が変わってくるし……同じサービスを受けても、収入が多い人は負担額が多いから支払う費用が2倍や3倍になるのだぞ。

さらに、介護保険サービスの負担額が同じでも、日常生活に必要な介護用品や医療は人によって違うから、費用も同じにならない。だから個別情報をあつめて、その人だけの介護費用を考えるのがいいと思うよ。

ちなみに、在宅介護のスタート時に知っておきたいのは次のことだ。

❶介護や福祉のサービス料。
❷病院の治療や薬代。
❸日常生活に使う介護用品の費用。
❹住まいを改修するための費用。
❺介護する人の交通費などの実。

❶でかかる費用は、介護保険制度のサービス利用料だ。理解しよう。

介護保険制度：利用できるサービス量と利用料

●利用できるサービス量（支給限度額）は、表のように要介護度別に定められています。
●利用者は、収入に応じて、1割～3割負担で介護サービスが受けられます。
●限度額を超えると、個人で実費を支払うことになります。
●要介護3のAさん（年間の収入160万円未満）が、介護保険サービスを利用する場合、自己負担は1割となるので、26,931円で、269,310円分の介護サービスが受けられるということになります。仮にAさんが、サービスを20,000円分しか受けなければ、自己負担額は2,000円となります。
●また、Aさんが介護保険施設に入居した場合、Aさんは、支給限度額の1割負担のほかに、居住費、食費、日常生活費を支払うこととなります。食費は1か月約42,000円（一律）、日常生活費は概ね10,000円（施設による）、居住費はそれぞれの施設、部屋のタイプで費用がかなり異なりますが、目安としては100,000円～140,000円。

要支援　1	50,030円
要支援　2	104,730円
要介護　1	166,920円
要介護　2	196,160円
要介護　3	269,310円
要介護　4	308,060円
要介護　5	360,650円

高額介護サービス費

高額療養費制度と同じように、介護保険サービスを利用する際、自己負担額が高額になり過ぎないように、月々の負担の上限が設けられています。利用料が上限を超えると、超過分は利用者に返金されます。申請が必要です。

★（世帯）は、住民基本台帳の上で世帯員。介護サービスを利用した人全員の負担の合計の上限。（個人）は、介護サービス利用者の負担の上限額。

対象となる方		負担の上限
現役並み所得者に相当する方がいる世帯の方		44,000円（世帯）
世帯のどなたかが市区町村民税を課税されている方		44,000円（世帯）
世帯全員が市区町村民税を課税されていない方		24,600円（世帯）
	前年の合計所得金額と公的年金収入額の合計が年間80万円以下の方等	24,600円（世帯）
		15,000円（個人）
生活保護を受給している方等		15,000円（個人）

戻してもらえるお金は、しっかり戻してもらおう!!

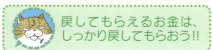

介護とお金③ 在宅介護の費用の目安は？

介護保険のサービスを利用すれば、自宅での介護って、それほどお金はかからないみたいだね。

甘い!! 確かに介護保険のサービスを利用すれば、介護費用は抑えられる。しかし、介護には介護サービス以外の費用もかさむのだ。前にも言ったように、医療費やおむつなどの介護用品、介護食などの費用は結構かさむ。まして、病気だと、高額療養費制度を利用しても自己負担額を毎月支払わなければならないこともある。

そうだよね。家のリフォームだって、まるっきりただじゃない。介護用品もどんどん必要になるし、目に見えないお金が、出ていく感じだ。

「家計経済研究所」の調査結果があるので、家族が同居している世帯は、どのくらい費用がかかっているのか、参考にして欲しい。

在宅介護にかかる費用
2016年6月分

（1人、1カ月、平均値、単位：万円）

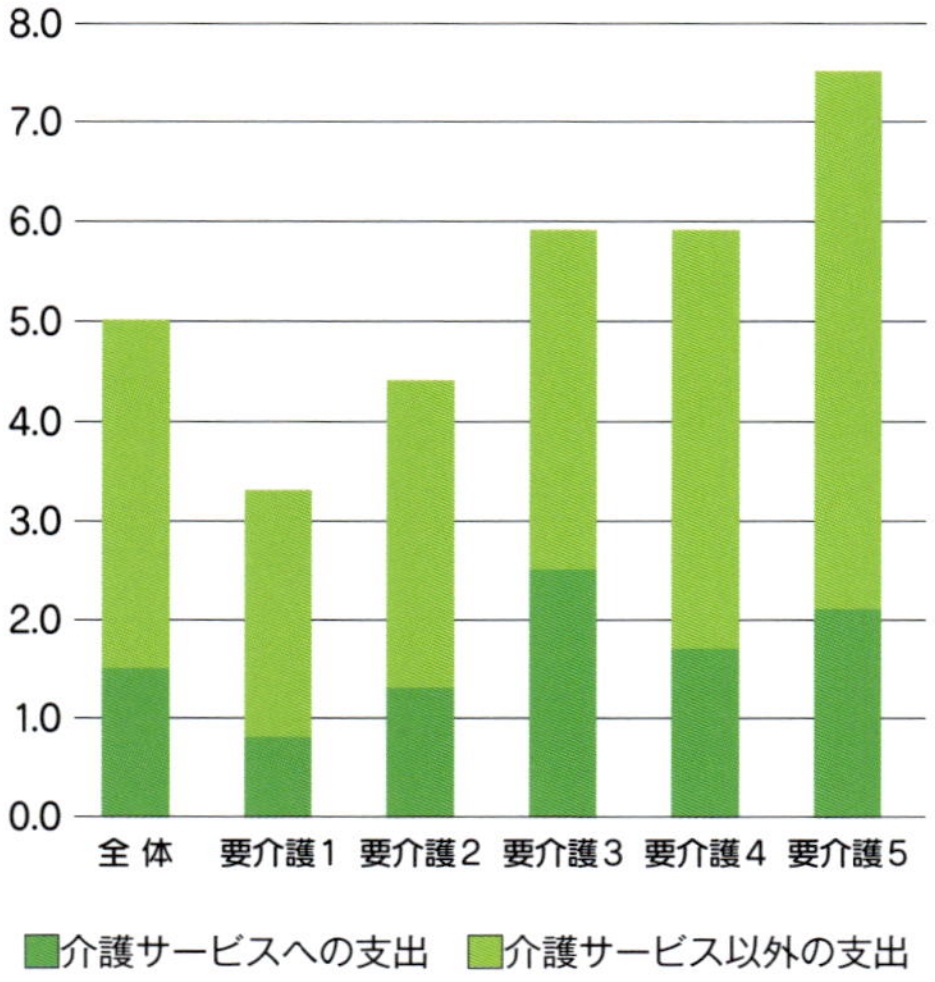

介護とお金④ 在宅介護と施設介護

介護というと、家か施設かと、考えるけど、費用はやっぱり施設の方がかかるよね。

確かに一般的に、費用自体はそうだろう。ただ、お金と時間、つまり家族の介護に費やす時間と仕事をする時間を考えた時、収入と支出のバランスがどうなるかで、一概に施設の方が高いとは言えないケースもある。

ん～施設に入れば、手すりやスロープとか、家のリフォームは必要ないし、福祉用具も買ったり、借りたりしないですむ物もあるし。でも、民間の施設は費用がピンキリだね。有料ホームというと、高いというイメージだけど、お金のない人を受けいれている施設もあるみたいだね。

ただ、民間の施設は、表向きのお金だけで判断すると「あれ！」と思う事態になることもある。費用が安いからと入居してみたら、身の回りのことなど、何かあるたびに家族が通って対処しなければならないとか。契約書にかかれていないサービスをお願いするとその都度費用がかかるとか。ま、とりあえず、相場を見てみよう。

施設の種類	公的／民間	入居一時金の相場	月額利用料の相場
介護付き有料老人ホーム	民間施設	0～数億円	15～35万円
住宅型有料老人ホーム	民間施設	0～数千万円	15～35万円
サービス付き高齢者向け住宅	民間施設	0～数十万円	10～30万円
グループホーム	民間施設	0～数百万円	15～30万円
特別養護老人ホーム	公的施設	0円	6～15万円
ケアハウス（軽費老人ホームC型）	公的施設	数十万～数百万円	15～30万円

介護とお金⑤ たま子さんの介護費用

漫画の主人公たま子さんを例に、在宅と施設での１ヵ月の介護費用を考えてみよう!!

たま子さん［独居／年収160万円以下／持家］
【要介護1】で介護生活費用／75歳（一例）

在宅介護の場合	介護サービス【要介護１】の自己負担	16,692円
	介護サービス以外（医療費など）	5,200円
	生活費	158,000円
介護付き有料老人ホームに入居した場合	（入居金）	700万円
	月　額（介護サービス自己負担分、食費などを含む）	25万円
サービス付き高齢者住宅に入居した場合	（入居金）	60万円
	月　額	15万円
	介護サービス（要介護１）の自己負担	16,692円

たま子さん（独居／年収160万円以下／持家）
【要介護4】で介護生活費用／85歳（一例）

独居のまま、在宅介護	介護サービス【要介護4】の自己負担	30,806円
	介護サービス以外（医療費など）	7,600円
	生活費	158,000円
静さん家族の扶養家族、在宅介護	介護サービス（要介護4）の自己負担	30,806円
	介護サービス以外（医療費など）	7,600円
	生活費	80,000円
介護付き有料老人ホーム	（入居金：新たに入居して場合）＊すでに入居していた場合はかからない。	700万円
	月　額（介護サービス自己負担分、食費などを含む）	30万円
サービス付き高齢者住宅	（入居金）	60万円
	月　額	15万円
	介護サービス（要介護4）の自己負担	30,806円
特別養護老人ホームに入居	月額（食費などを含む）	126,000円

介護者の経費

介護は介護自体にかかる費用と同じように、介護者の必要経費のやりくりが大切だぞ。
特に、別々に暮らしている場合、交通費、電話などの通信費、差し入れの物品の購入費など、介護が必要になる前にはかからなかった出費が大幅に増える。

遠距離介護の交通費、ほんと大変だよね。

そんな介護者のために、運賃の割引制度をとり入れているところがある。飛行機の国内線だ。大手の航空会社（ＪＡＬ・ＡＮＡ）では、要支援・要介護の家族の航空券が3割強割引になる制度がある。ＪＲは介護割引ではないが、シニアを対象とした割引サービス（「ジパング倶楽部」など）で、3割ほど安くなるものもある。直接問い合わせると、詳しく分かるぞ。交通費以外の経費は、介護のために自分の欲しいものをちょっぴり我慢かな!?

COLUMN by 介護の先輩

介護する人 介護される人のお財布

介護の実用書には介護費用に関することがメインのものが多いですが、家族介護の内容や方法に勝るとも劣らないほど、費用の方も多種多様です。
介護にかかる支出を減らそうとして、収入が減ってしまい窮地に追い込まれるというケースも稀ではありません。一般的にどのくらいかかるのか、正確なところはなかなか算出できないと専門家も語ります。ところで、介護費用は支出の金額だけでなく、介護される人と介護する人のお財布がどのくらい一緒かということも大きな問題の一つといえます。
別々にした方がいいケース、扶養家族として一緒にした方がいいケースなどを見直す必要があります。同居している場合はなかなか難しいことですが、私は母が施設を利用していたので、お財布別々のケースを選びました。幸いなことに母は自分の介護費用を賄うことができたので、母の介護や医療にかかる費用を節約できたと思っています。もちろん在宅介護で費用を節約できた例も沢山あります。

8話　親のお金は親のもの

ん…？
でももしお母さんがボケちゃったら
委任状なんて無理なんじゃ…？
長寿総合病院
相談室
さっき銀行でかくかくしかじか…
あぁそうでしたか
そんな場合はあらかじめ委任状を書いておいてもらうといいですよ
あの…
もし今後母が委任状を書けない状態になったらどうすれば…？
大丈夫ですよ「成年後見制度」というものがありますから
パンフレットお渡ししておきますね！
成年後見制度《せいねんこうけんせいど》
困っていることはありませんか？
成年後見……？
ニャンだそれ？

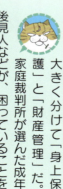

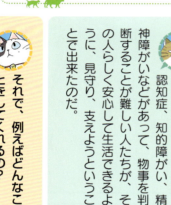

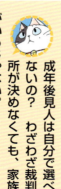

「成年後見制度」を知ろう！

「成年後見制度」って、名前からして難しそうなんだけれど、いったい何の制度なの？

まず、いつできたかというと「介護保険制度」と同じ2000年だ。「介護保険制度」は利用者が契約を結んでサービスを提供してもらう制度なので、すべての人がちゃんと契約できるようにならなければならない。そこで、それを支援する制度も必要ということになり、「成年後見制度」が一緒にスタートしたのだ。

「介護保険制度」を利用するためだけに作られたの？

いや、それだけではない。それをきっかけに、認知症、知的障がい、精神障がいなどがあって、物事を判断することが難しい人たちが、その人らしく安心して生活できるように、見守り、支えようということで出来たのだ。

それで、例えばどんなことをしてくれるの？

大きく分けて「身上保護」と「財産管理」だ。家庭裁判所が選んだ成年後見人などが、困っていることを解決してくれる。分かりやすいように次のページで図にしたぞ。

成年後見人は自分で選べないの？　わざわざ裁判所が決めなくても、家族がいるじゃない。

成年後見人には、利用者の身内のほかに、弁護士、司法書士、社会福祉士といった専門職の人がなること

が多い。最近は、養成講座を受けた一般市民の人たちも増えている。

確かに家族は何で、わざわざと思うだろうな。だから、今のところ「成年後見制度」を利用している人は5％にも満たない。だが、1人暮らしの高齢者も増えているし、家族同士のもめごとも多い。利用したほうがいいケースは多いと思うな。

※「成年後見制度」を利用するには

- **相談**＝まずは利用する必要の有無を、地域包括支援センターなどで相談します。必要な場合は、申立書類を作成します。
- **家庭裁判所に申立て**＝書類を提出すると、家裁が調査を行います。
- **成年後見人の決定**＝家裁の裁判官が成年後見人を決め、制度が利用できるようになります。

認知症高齢者に対して成年後見人が行うこと

サービス利用の支援・手伝い

介護サービスを的確に受けられるように支援し、手続きを手伝う。

通帳管理・支払いの手伝い

本人の預貯金を管理し、公共料金、福祉サービス利用料、医療費などの支払い、年金などの受け取りをする。

不利益な契約の取り消し

高額な物品を、誤って購入したと思われたときなどの契約の取り消しを行う。

定期的な訪問・見守り

本人と定期的に面会し、生活状況を把握。できるだけ、本人の意に沿った、より良い生活が営めるようにする。

さまざまな書類の確認・手続きの手伝い

国、市区町村から届く年金、納税などの書類、銀行、保険会社の証書などを管理し、必要に応じて手続きをする。

入院・施設入所の手伝い

入院などのときの書類の手続きを手伝い、治療方針などを確認する。

法定後見と任意後見

いくら自分の身の回りのことができなくなっても、自分の知らない人が後見人になるなんて、いやな人多いんじゃないかな。

そういう人は、元気なうちに、後見人が必要になったときのために、後見人を指定しておくこともできるのだ。

「成年後見制度」には、「法定後見」と「任意後見」という二つの制度がある。これまで説明したのは「法定後見」のことだ。

もう一つの「任意後見」は、自分が後見人になってもらいたい人と契約を結んでおき、後見が必要な事態になったら、契約していた人が後見人をするというシステムだ。

もし、選んでおきたければ、公正役場で、公正証書を作ってもらう。ただし後見が必要にならずに最期を迎えたときは、そのまま契約は終了する。

ま、「成年後見制度」は、込み入った制度なので、実際に必要かなと思ったら、市役所、町役場、地域包括支援センター、社会福祉協議会などに相談に行くといい。手続きに関しても教えてくれる。

COLUMN by 介護の先輩

「成年後見制度」は必要な制度だけれど

1人暮らしの高齢者が認知症となり、要介護となるケースが増えることが予測される今、全国的に「成年後見制度」の利用を促進する動きが見られ、見守りに重点をおくなど、内容の見直しも行われています。私は母の成年後見人を9年間にわたって務めました。選任された当初、私のように家族が後見人などになることは多く、7、8割は子どもや配偶者だったと思います。でも、今では親族全体でも3割弱で、多くは専門職の方々が担っています。後見人などになると、事務的な処理、金銭管理を行い、報告書を1年ごとに裁判所提出しなければならないので、素人には大きな負担ともなるので、専門職の方々にお願いしたほうがいいのかもしれません。
ただ、日々の介護生活、家族の思いなどを考えたとき、富裕層以外、家族がいる人に関しては、専門家の介入がどこまで必要なのかと考えさせられたこともありました。家族と専門家が対等に協力し合うことが、家族介護には必要かなというのが実感です。

PART 1

第5章

介護保険サービスを利用した介護生活

介護保険制度のサービスを利用して介護を開始する場合、要介護で在宅を選択したならば、ケアマネジャーが中心となり、その人にふさわしい介護プランが立てられます。施設の場合も、同様に施設のケアマネジャーがプランを立てます。介護生活がスムーズに行われるかは、ケアマネジャーの力量ともいわれますが、キャリア、性別、年齢などよりも、介護に対するケアマネジャーとしての考え方をきちんと持たれている方に担当していただくと当事者も家族も安心できるようです。

9話　たま子さんの介護プラン

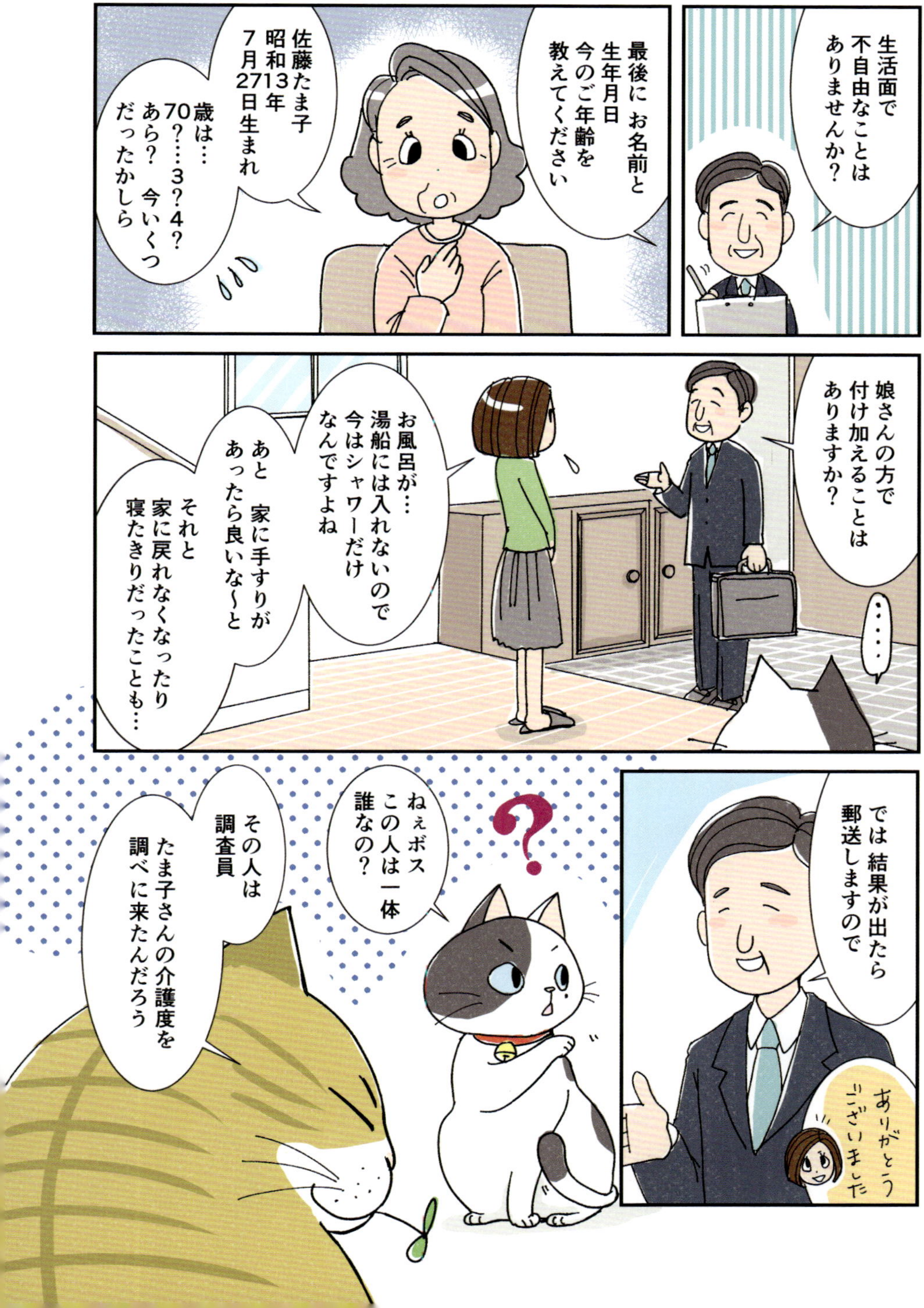
生活面で不自由なことはありませんか？
最後に お名前と生年月日 今のご年齢を教えてください
佐藤たま子 昭和13年7月27日生まれ
歳は…70？…3？4？あら？ 今いくつだったかしら
娘さんの方で付け加えることはありますか？
……
お風呂が…湯船には入れないので今はシャワーだけなんですよね
あと 家に手すりがあったら良いな～と
それと家に戻れなくなったり寝たきりだったことも…
では 結果が出たら郵送しますので
ありがとうございました
ねぇボス この人は一体誰なの？
？
その人は調査員
たま子さんの介護度を調べに来たんだろう

約1か月後…
郵便でーす
お母さんの介護度は…「要介護1」か…
こっちは事業所のリスト…
ケアマネさん頼まないといけないのよね
お母さんの介護度は「要介護1」だってそれでケアマネジャーさんを頼むんだけど…
ケアマネジャー？
プイッ
そんなの必要ないわよ
そんなこと言わずに…
お医者さんのことがあったから今度は慎重に選びたいのよ
じゃぁ勝手に決めちゃって！
まったく…
とりあえずいくつか電話してみるか…

数日後――
こんにちは～
初めまして ケアマネジャーの 池田すみれと申します
この前とは 違う人が 来たぞ…
どうぞ お入り ください
たま子さん こんにちは
はい こんにちは
えーっと… まずは「ケアプラン」というものを つくるのですけれど…
ケア プラン
あ～… ごめんなさいね 私は介護を受ける つもりはないのよ

家のことは娘にも手伝ってもらいながらゆっくりやればできますし…
知らない人にいらしていただいても正直気を遣ってしまうだけですから…
ヘルパーさん
ではヘルパーさんに来てもらうのではなくたま子さんがおでかけしてはいかがですか?
こういうものもありますよ
送迎もしてくれますョ
デイサービス
でも私他人と一緒に何かをするのは苦手ですから…
たま子さんはピアノの先生をされてたんですよね
でしたら歌の伴奏ができる方がなかなかいないのでお手伝いしてもらえると助かります!
まあ……私でもお役に立てるのかしら
こうしてたま子さんは週2回デイサービスを利用することになりました

ケアマネジャーって何?

介護保険制度を利用すると、家にいろいろな人が来るようになるね。この間は、ケアマネとかいう感じのいい女の人が来て、たま子さんが「私には必要ないです」と言ったけど、いろいろ説明して、「介護プランを立てますね」って、帰って行ったよ。

そして、たま子さんはデイサービスに行くようになったというわけだな。
その女性は、ケアマネジャー（介護支援専門員）、通称ケアマネ。介護生活では重要な人だ。

ケアマネジャーとは

介護保険制度の要。介護保険法では次のように定義されている。（第7条5項）
「要介護者又は要支援者（以下「要介護者等」という）からの相談に応じ、及び要介護者等がその心身の状況等に応じ適切な居宅サービス、地域密着型サービス、施設予防サービス、介護予防サービス又は地域密着型介護予防サービスを利用できるよう市町村、居宅サービス事業を行う者、地域密着サービスを行う者、介護保険施設、介護予防サービス事業を行う者、地域密着型介護予防サービス事業を行う者等との連絡調整等を行う者であって、要介護者等が自立した日常生活を営むのに必要な援助に関する専門的知識及び技術を有するものとして第69条の七第一項の介護支援専門員証の交付を受けたものをいう」

分かりやすく言うと、「利用者の希望に沿いながら、その人の心身にふさわしい介護サービス（福祉、保健、医療など）が受けられるように計画を立て、利用者がスムーズにサービスを受けられるように連絡調整してくれる人」というわけだ。

ケアマネジャーはどんなことをしてくれる？

たま子さんのところに来たケアマネジャーは、静さんが選んだ人なのかな？ で、何してくれるのかな？ 利用すると費用とかかかるんじゃないのかな？

通常ケアマネジャーは、居宅介護支援事業所というところに所属していて、役所の介護担当の窓口とか、地域包括支援センターにリストがある。静さんの場合も、それを見て選んだのだろうな。それと、ケアマネジャーは利用者から利用料をもらうことはないし、利用者はお世話になっているからといって、金品を渡すことは禁じられている。ケアマネジャーの主な役割を見てみよう。

ケアマネジャーの仕事

- 介護サービスの利用者の心身の状態、希望をもとに介護サービス計画（ケアプラン）を作成する
- 利用者やその家族の相談に応じ、適切なアドバイスをする
- 介護サービス業者への連絡や手配を行う
- 利用者の状況を見守り、ケアプラン、サービスが適切かどうか判断し、調整する
- 施設入所を希望する人からの相談に応じる
- 要介護認定の申請や更新の手続き代行をする

ケアマネって、介護生活で頼りになる人だね。でも。大変そうな仕事じゃない。どんな人がしているの？仕事をするのには、どんな資格がいるの？

資格を取るには、「介護支援専門員実務研修受験試験」という、1年に1回各都道府県で行われる試験に合格しなければならない。

でも、この試験、誰でも受けられるわけではないのだ。医療、介護、福祉、保健のいずれかの分野で、指定される資格が必要なのだ。

さらに、その資格で何年間働いたかという実務経験も必要となっている。

ケアマネになるために必要な資格

医師／歯科医師／薬剤師／保健師／助産師／看護師／准看護師／理学療法士／作業療法士／言語聴覚士／視能訓練士／技師装具士／歯科衛生士／管理栄養士／栄養士／あんまマッサージ指圧師／はり師／きゅう師／柔道整体師／社会福祉士／介護福祉士／精神保健福祉士

このような資格で、5年間仕事をする必要がある。ちなみにケアマネジャーの資格保有者が多いのは、介護福祉士と看護師だ。

もとの資格を考えると、ケアマネジャーって、いろいろなタイプの人がいるんだね。

だから、選ぶときは、看護を中心に介護サービスを受けたい人は医療系、看護師などがいい、家事援助などを中心にしたい人は介護系、介護福祉士などがいい。

まずは人柄でしょ？

確かに。でも、徐々に候補を絞っていくのがいいと思う。まずは男女、年齢、専門分野。さらに「話をよく聞いてくれる」「公的な介護保険サービス以外のサービスに詳しい」などを考慮。ちなみに、ケアマネジャーの男女比は、約8割が女性、2割が男性。40代が多く、次いで30代、50代となっている。

ケアマネジャーとの付き合い方とケアプラン

ケアマネジャーって、一度お願いしちゃったら、ずっとその人なの？

変更は可能だ。同じ事業所で違う人にしてもらうことも、別の事業所のケアマネジャーにすることもできる。

でも、一度決めたら上手に付き合いたいよね。

もちろんだ。最低必要なのは、普通の人間関係と同じように着かず離れず。ベタベタな関係になるのはよくない。介護サービスを考えるプロということを忘れないように。

あと、入院すると、ケアマネジャーの契約はなくなるって聞いたけど。

入院すると介護保険を使えなくなるから、ケアマネとの契約もなくなるということ。

でも実際問題、退院したらまた同じ人にお願いできるし、担当が変わった場合でも、いいケアマネさんならアドバイスしてくれるよ。

ところで、ケアプランはケアマネが立てるけど、当事者や家族、知り合いが立てちゃいけないの？

もちろんOKだ。だが、独りよがりになりがちだし、よほど情報を知っていないと、いいプランは立てられない。ケアマネだって、ケアプランを立てたあと「サービス担当者会」で、意見交換をするのだぞ。

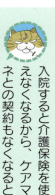

介護保険外のサービス

介護保険サービスだけでは、介護は十分にできない。そこで活躍するのがインフォーマルサービスといわれる、介護保険外のサービスだ。いくつかあげておこう。

- 多くの自治体が行っているのは「おむつ給付」。購入したおむつ代金を助成してくれる所、現物を支給してくれるところ、各自治体によって方法はさまざま
- 自治体、地域ボランティア、NPO、民間企業食事の宅配サービスなどさまざまな団体が行っているのが「配食サービス」。普通食から介護食まで対応しているところも珍しくない
- 「買い物の配達」など、民間のスーパーマーケットが参入しているところもある
- 積雪の多い地域では、高齢者住宅に対して、自治体、ボランティアなどによる「雪かき」がある
- 緊急通報システムは多くの自治体や民間企業が参入している

COLUMN by 介護の先輩

最近注目されるサ高住

介護保険で通所サービスを受けるというと、自宅から通うというイメージがありますが、ここ数年急増しているサービス付き高齢者向け住宅（サ高住）などでの介護も通所サービスを利用することになります。サ高住のメリット、デメリットはいろいろあり、経営会社により契約内容やサービスなどの違いもあるので、入居の際は十分な検討と納得が必要です。その点を考慮すれば、家族と少し距離をおいた生活をしたい高齢者、1人暮らしの高齢者、遠距離介護をしていた家族を呼び寄せたいが、自宅にはスペースがないなどといった家族には利用しやすいシステムといえます。要介護1の私の叔母も遠距離で介護していた従姉の自宅近くのサ高住に移りました。母の介護には、こうした選択肢はなかったので興味津々ですが、基本的に1人きりでいる時間が多いので、自宅での介護プランよりも、より考慮した介護プランが必要となるようです。施設選びに加え、より良いケアマネ選びも重要になります。

10話　静さんの癒やしの場

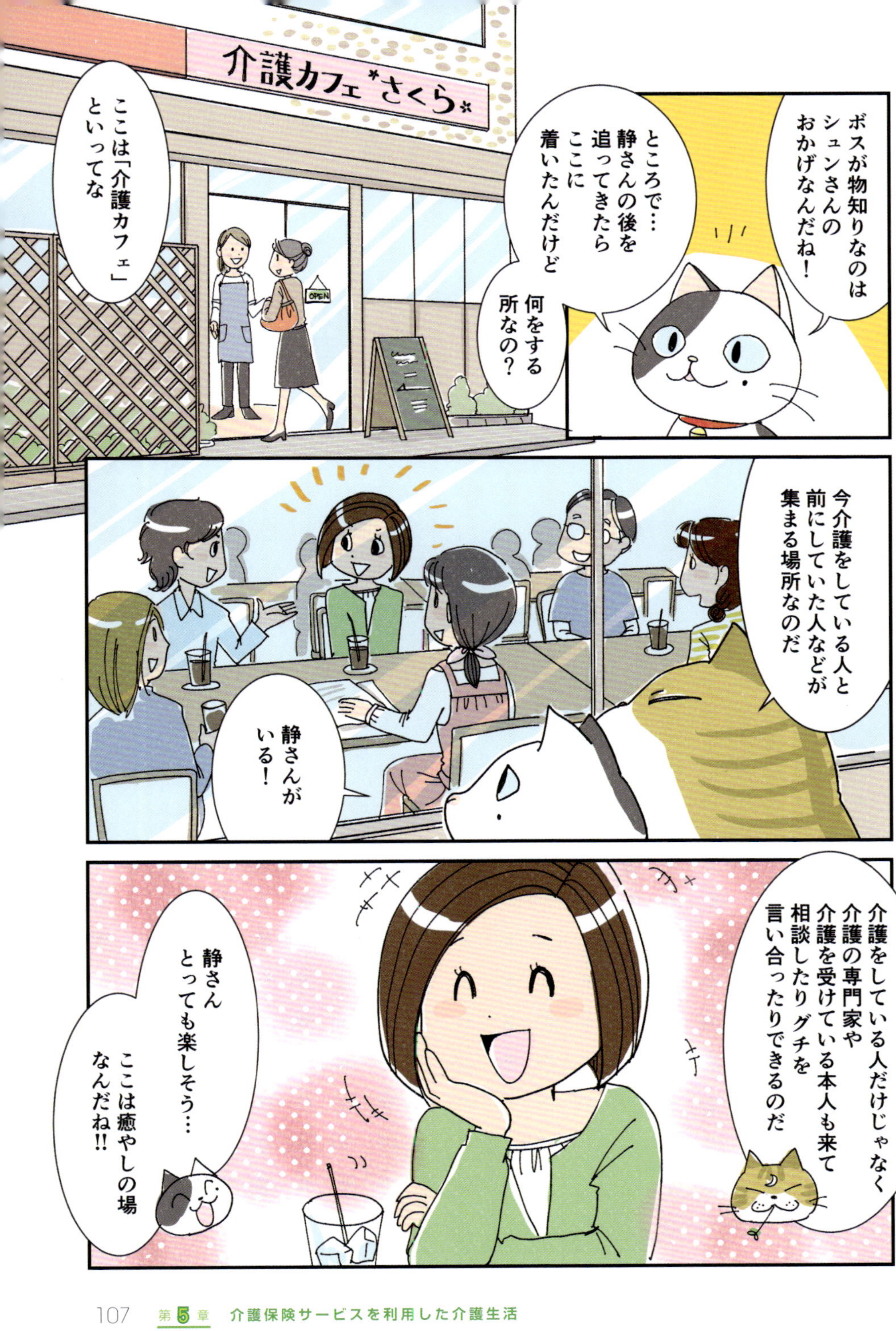
介護カフェ＊さくら＊
ボスが物知りなのは
シュンさんの
おかげなんだね！
ところで…
静さんの後を
追ってきたら
ここに
着いたんだけど
何をする
所なの？
ここは「介護カフェ」
といってな
今介護をしている人と
前にしていた人などが
集まる場所なのだ
静さんが
いる！
介護をしている人だけじゃなく
介護の専門家や
介護を受けている本人も来て
相談したりグチを
言い合ったりできるのだ
静さん
とっても楽しそう…
ここは癒やしの場
なんだね!!

つどい場・介護カフェ・交流サロン

さっき行ったカフェみたいなところって、何なの？　静さん、いい笑顔だったな。

静さんだけじゃないぞ、みんな楽しそうだっただろう。あそこは、悩んでいる介護者にとっては、駆け込み寺みたいなものなのだ。
介護者が集まるといえば、以前は介護者家族が集まる「家族会」が主流だったが、このところ介護に関係する人たちも集まるようになり、「つどい場」「カフェ」「サロン」がどんどんできているのだ。

そういえば、認知症の人たちやその家族のための認知症カフェなんていうのもあるよね。テレビで見たよ。

さっき、介護保険外のサービス（P105）の話が出たが、「つどい場」や「介護カフェ」はまさに介護保険外のサービスだ。
場所によって、自治体が力を入れているケースもあるし、NPO法人や民間の企業が頑張っているところもある。地域で助け合っているところも多い。形式も、それぞれ、工夫を凝らしている。

そうそう、介護が必要な人が増えて、みんな自分たちの問題だと思うようになったんじゃないかな。基本は何と言っても「介護は独りで抱え込んじゃダメ」ってこと。

同じような思いをしている人、体験した人との情報交換は大切よね。それに、人も猫も集うことで、問題解決にもつながるもの。
あ、そうだ、私たちのノラ仲間が送ってくれたつどい場やカフェの写真もあるわよ。ちょっと見て!!

「つどい場」「サロン」など

元祖つどい場「つどい場さくらちゃん」美味しいランチ(500円)で参加者がより親密に。

以前地域の人たちが協力し合って作った高齢者のつどい場。ミニゴルフ場もついている。

今はつどい場の運営を手伝うYさん。亡くなったお母さんは、ここの人気者だった。

「じい&ばあ・交流サロン」一般の人も食事に立ち寄る。高齢者へのお弁当の配達も。

グループホーム、デイサービスと併用されている某サロン。利用者の志が運営費の一部に。

COLUMN by 介護の先輩

介護する人が癒される空間……

ここ数年さまざまなタイプの介護カフェなどが誕生して話題になっています。家族介護をする人たちが中心の地域の家族会が減る中、いろいろな立場の人たちが集うことができる介護カフェなどの場所はここ数年増え、好評です。そうした場所の草分け的存在といえるのが西宮市にある「つどい場さくらちゃん」。今年2019年で16年目を迎えます。私もここでお世話になった一人ですが、初めて訪ねたのは2006年、NPO法人となる1年前でした。母の介護問題を抱えていた私は関西に仕事をつくり、時々通うようになり、ここの生みの親、まるちゃんにどうでもいい話を聞いてもらうようになりました。関東と関西で離れていましたが、集いすぎることなく、程よく癒されましたが、母の介護が安定して最期を迎えるまで少々ご無沙汰していました。先日久しぶりに立ち寄ると、以前と同じようにいろいろな人が、ワンコインの昼食に集っていました。時は流れても、「癒される〜!!」空気が漂っていました。

PART 2

続く介護生活

介護介助実践編

PART 2

第6章

在宅介護の日常と介助

在宅での介護が行いやすいように、「介護保険制度」では、訪問や通所でいろいろなサービスが増え、充実しつつあります。しかし在宅介護の場合、施設利用の時間よりも多いのは家での時間。そこで必要になってくるのは介護者の介護知識です。身体的な介助の基本はやはり知っておいた方がいいでしょう。又それと同時に精神面でのケアに関しても、より良い接し方を把握することが大切です。さらに大切なのは介護者自らの息抜きをする時間です。その時間を、持つように心がけましょう。

11話　デイが大好き、たま子さん

前半では、たま子さんに介護が必要になり、介護生活を始めるにあたっての基本的な事柄をご紹介しました。

これから登場するのは現在のたま子さん。介護生活5年目です。

介護期間は一人一人、長さも状況も異なりますが、たま子さんの認知症は、どうやらゆっくりと進行していっているようです。

たま子さんの介護物語、引続き愛猫ジュリーが語ります。

毎週 月・水・金に たま子さんは デイサービスに行く
デイサービスのお迎えまだかしら?
そわそわ…
お母さんおはよ～
何してんの?
まだ7時よ?
朝ご飯ちゃんと食べてね! じゃぁ行ってきます!
毎日悪いわねぇ
ピポーン
お迎えだ!
たま子さんおはようございます!
おはようございま～す
シャーッ
あらあらゴメンね君は連れて行けないわ
ジュリーはお留守番よ
いつも楽しそう… ボクも行ってみたいな…

ボス～
なにっ、
たま子さんが通っている「小規模多機能」に行ってみたいって？
こくこく
よし付き合うぜ
ここだ
えっ!?
普通の家みたいだけど!?
なんでも古い民家をリフォームしたらしいぞ
小規模多機能ホーム銀の家
あっ たま子さんだ！
リーチ！

お昼の前に
しっかり飲み込めるよう
歌を歌いましょう！
テキパキ
たま子さん
ありがとう！
コト
わいわい
いただきま～す
あなたは
おイモが
多いわ！
あなたのほうが
サラダ多いわよ
なかなか
良い笑顔だな
楽しそう…

集会所でおしゃべりしてたら遅くなっちゃった…
たま子さんもう寝てるだろうな…
アレ？明かりが…
静さんだ…
NAME 佐藤たま子
たま子さんの服に名前…？
……
忘れものはない？
ないよっ
1-2 さとうしずか
さとうしずか
忘れものはないね？
ハイハイ
おやすみ…
おやすみ…
Zzz
Zzz
佐藤たま子
静さんちょっぴりさみしそう…!?

介助の心得

デイサービスに行っていても、家での介助は必要になるよね。どんなことに気を付けたらいいんだろう？

いろいろあるけれど、まずは介助の基本的なことと、絶対に注意しなければならないことを知ることだ。基本を身に付けておけば、介護される人もする人も安心だ。

俺のご主人、シュンさんの知り合いのカリスマ介助指導者、セツ子先生に教えてもらおう。

その1 やり過ぎない

「足腰が弱ったから」「まひがあるから」「寝たきりだから」「認知症だから」と、介助される人を動かそうとしていませんか？「やる気がない」「わがまま」「すぐ甘えて、頼る」は、介助側の接し方が適切でなかった結果、起こる問題です。動けない高齢者や認知症の方は、私たちが思うよりも、ずっと動けます。やり過ぎる介助は、介助される人の能力だけでなく、相手の意欲や自尊心までも奪ってしまいます。

その2 慌てない

やり過ぎないために必要なのは『待つこと』。相手の動きが出るのを待ちましょう。待たないと、介助される人を動かすことになってしまいます。

その3 大切な声かけ

声かけの基本は、①すべての人（難聴や認知症の人でも例外なく）に②伝わる声かけを。

③伝わったかどうかを確認する。

④①～③のすべてを終えてから、相手に触れる。

では、言葉の伝わらない認知症や失語症の人へ「何を」「どうやって」伝えるのでしょうか。

ジェスチャー、筆談、身振り手振りなどできる限りの努力をしても伝わらない時に伝えるものは、言葉の内容を超えた**『介助者の存在』**です。

「これから一緒に動いていただいていいですか？　痛いことや怖いことはしないように頑張ります。触れていいですか」介助者のそういう思いを含んだ「私がここにいます」です。

家族も含めて他人に触れるという行為は特別なものです。限られた人や場面以外での他人からの接触は、ストレスであり恐怖です。だからこそ声かけが必要になるのです。そして『介助者の存在』を伝えるためには、相手と目線を合わすことが必須です。

一番大切なこと

目を見ること、これが大切です。相手の目を見、相手から見返してもらわなければ、介助者である「私の存在」は有りません。

何処かをさまよっている認知症の人の目を捉えて、この場に連れ戻さなければ、介助の関係は成り立たないのです。

「声かけ？　もちろんしています」という介助者が、相手の顔を見ないでいるケースを、よく見かけます。

それでは、声かけをしたことにはなりません。

声かけは、相手の目を見て、相手もこちらを見たのを確認して、初めて成立します。

介助・介護とは、される側とする側の対話です。一方的な声かけではなく、対等な関係の双方の対話なのです。

SETSUKO'S VOICE

声かけについて、もう少し具体的に説明しましょう。

距離・角度

❶最初は少なくとも目一杯手を伸ばしても届かない2m以上離れた位置から声をかけます。角度も真正面ではなく、15度から30度。
❷初めから正面の2m以内に近づき過ぎると恐怖心やストレスが高くなります。
❸そして、介助される人の反応を見ながら近づいて行きます。

順序

大きな目的から、順に具体的な動きを説明していきます。例えば、「食事に行きませんか」→「車いすに移っていただけますか」→「もう少しお尻を前に出していただけますか」というような順序で、声をかけていきます。
最初から「足を引いて」「ここを持って」と言っても、相手は次に何をしたらのか分からず不安です。

介助される人が主体の声かけを

「起こしますよ」「動かしますよ」と声をかけるのではなく、「起きていただいていいですか」「動いていただいていいですか」など、できる限り、介助される人が主体の声かけをしましょう。

声かけをしてすぐに介助しない

健常の人でも、声かけをかけられてすぐには反応できません。高齢の方ならなおさらです。
一呼吸おき、相手の返事を待って介助を始めましょう。

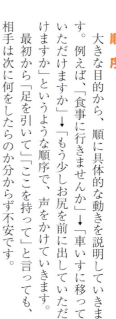

介助の基本

SETSUKO'S VOICE

介助の基本は2つ。「支える」「動きを伝える」です。

支えるとは

介助される人の動きを引き出すためには、介助者が「支え」になることが必要です。

「支え」とは「手すりのように動かないもの」です。

介助者が支えとしての役割を果たせば、介助される人は自分の力を発揮し自分で動こうとしてくれます。

「動きを伝える」ためにも「支え」は必須なので、「支え」はすべての介助の基本になります。

動きを伝える

立っていても、寝転んでいても、人が動くためには〝**重心の移動**〟が不可欠です。

高齢者や障がいのある人は重心移動が上手くできません。

介助者は、介助される人を動かすのではなく、〝重心の移動〟ができるようサポートをします。

立ち上がり❶

立ち上がりの介助で、『介助者は介助される人を**持ち上げる**』をしてはいけません。持ち上げてしまうと、逆に立てなくなります。

介助者が、立ち上がる能力をまだ持っているのに「立てない人」と判断してしまうのは、持ち上げる介助をしているからです。

立ち上がりの準備の姿勢

『準備の姿勢』は大切。立ち上がりの前には、必ず準備の姿勢になってもらいます。

①左右対称で浅く腰掛ける。
②足を引く。
③軽く前傾姿勢になる。

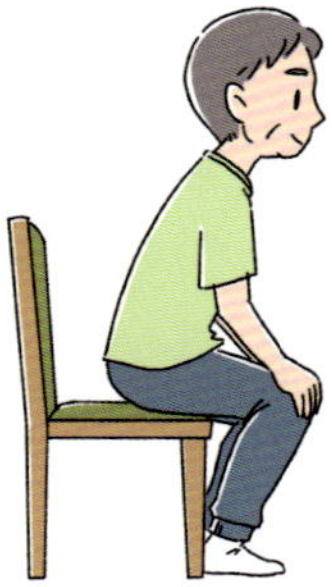

準備の姿勢になると、立ち上がる人の重心が後ろから前に移動し、足底にかかってきます。立ちにくい人もすっと立てるようになり、介助も少なくてすみます。

介助者がすること

①介助者の両手が手すりになるように、介助される人を支えます。

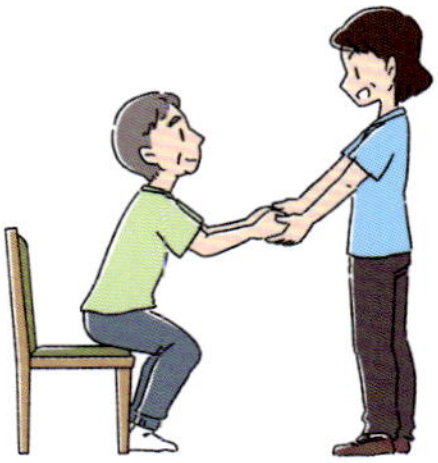

②支えた状態で、介助される人を前へ誘導します。

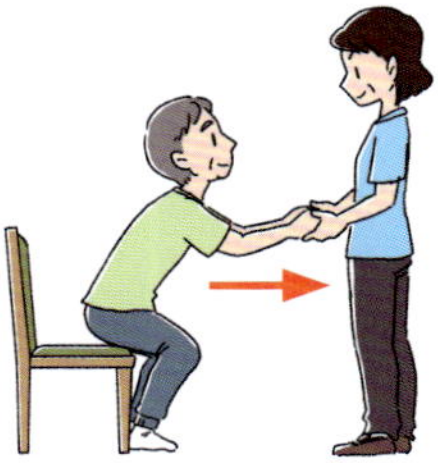

「支えた状態で、誘導する」ということは、「ビール瓶やコップをいっぱい載せたお盆を動かす」というイメージです。

③介助される人の重心が両足の真ん中までできたら誘導を止めます。介助される人の立ち上がる動きが出ます。

④立ち上がるまで介助者は手を止めておきます。

絶対に手を持ち上げたり、動かしたりしません。

手すりが動いてしまっては、介助される人は立ち上がれなくなってしまいます。

※ここでは介護保険を使い始める頃の比較的運動機能レベルのよい方の介助を紹介しました。

機能レベルが下がると、介助がもっと必要になり介助の方法も変わってきます。そうした要介助者を対象とした介助については次の本を参考にしてください。

■『福辺流　力と意欲を引き出す介助術』〈中央法規出版〉
■『早引き　介護の基本技法　ハンドブック』〈ナツメ社〉
（共に福辺節子著）。

介助って、力があればできると思っていたけれど、ただ力任せにすることじゃなくて、できるだけ介助される人に、動いてもらうことなんだね。

立ち上がり❷

介助者が介助される人の両手や身体を持って立ち上がらせるよりは、手すりになるようなものを用意する方が、本人にとって楽な場合もあります。

ベッドから立ち上がる場合は、ベッドを高くして、お尻を前にずれして、足底に体重がかかるようにしてから立ち上がります。

❋ベッドに介助バーを付ける。バーは片手で持つ。

❋バーの代わりに椅子や車いす、机を置く。

❋真っすぐ立ち上がるより、斜めに立ち上がるほうが立ち上がりやすい。（ソファなど特に）

❋手すりと椅子や車いすとの距離も重要。この位置では、手すりが近すぎて立ち上がれません。

❋椅子（車いす）と手すりの位置は、少なくとも、このくらい離してください。

歩行の介助

介助や手すりを持って少しだけでも立てれば、車いすでも日常生活にはあまり困りません。しかし、狭いところや階段で車いすは使うことができません。歩行の介助の前に杖のお話をしましょう。

質問です。

Q1 杖は脚の良い側、悪い側、どちらで着くでしょうか?

Q2 杖の高さはa・b・cのうち、どれでしょう?

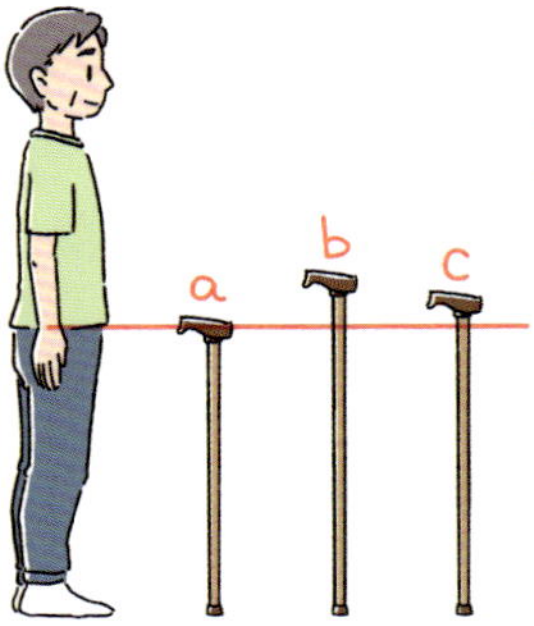

Q1の答えは【良い方】

Q2は【a】

ちなみに杖と脚を出す順番は、①杖→②悪いほうの足→③良いほうの足です。

杖を使っている人を見ると杖が高過ぎる場合が多いようです。

杖が高過ぎると重心が後方に偏るので、力が入らなくて支えきれず、後ろに倒れそうになって危険です。杖の高さを合わせてあげてください。

実際の歩行の介助

一本杖の場合

良い側で杖を着くので、悪い側から介助します。悪い側を支える介助をしてあげてください。

杖のない場合

良い側を支えて、杖の代わりをします。

前から両手で介助する場合

手前に引いてはいけません。介助される人の重心が前にかかり足が出せなくなります。

12話　お手伝いがしたい！

あ　お茶…
私がやるわ！
デイサービスでも
手伝うと感謝されるの
はい！
デイサービスでも
手伝うと感謝
されるのよ〜
へぇ〜
今日それ聞くの
何回目かしら…
さてと…
来週のおかず
仕込んでいこう…
ガチャッ
冷蔵庫に
冷凍食品が!!?
やだっ
とけてる〜!!
ICE
ピカピカ
お皿洗剤
600ml
うわ〜！
洗剤まで〜!!
えっ!?
ちょっと！
お母さ〜ん!!
ばぁちゃん
またやっちゃっ
たね〜！
散歩行こ！
ランランラン
ランラン♫
ラ〜ラ〜
ラ〜ラ〜ラ〜♫
何それ〜
知らないの？
知らな〜い
来週も平和で
ありますように…

できることを続け、認知症を進行させない

セツ子先生の介助術は、「認知症」の人にも役立つのだぞ。（P117～P123参照）

えっ⁉　介助って、身体が不自由になった人が、少しでも動けるように助けてあげるだけでしょ？

分かってないな。先生の介助術は身体を、ただ支えて、動きを助けてあげているだけじゃないぞ。
　本人に残っている能力を引き出して、できるだけ本人が自分の力で身体を動かせるように、介助しているのだ。

それは知っているよ。だけど、なんでそれが「認知症」の介助にも関係あるの？

やっぱり分かっていないな。先生は身体の能力だけじゃなく、残されている思考能力も引き出すようにして、認知症の人の介助をしているのだぞ。心身ともに、残されているものを大切にするのだ。

そうか、身体だけじゃなく、「認知症」の人の介助も、ただ動くのをお手伝いするだけじゃないんだ。
**　できるだけ理解して行動してもらうように、コミュニケーションをとるようにしているんだ。**

そうだ。ところで、「認知症」の人は全く物事が分からなくなっている訳じゃないのだから、普段の生活でも、その人にできることをしてもらった方が進行を遅らせることができるのだ。
　そして「認知症」の人は、特に人の役に立っている、人が喜んで

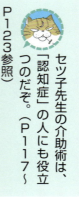

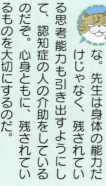

くれていると思うと、やりがいを感じて、気持ちもワクワクして進行が遅れるってわけだよ。

あ、ただ一説には、得意なことばかりではなく、苦手なこともやってもらった方がいいとも言われているぞ。

ボクたちの仲間、全国各地のノラたちが、心身が衰えても、できることを続けている高齢の方たちの写真を送ってくれた。

デイサービスや介護施設でも、できることを続けるようにしているのよ。

継続は心身の力に

デイサービスで洗濯物をきれいにたたむのが日課。手が不自由でもゆっくりゆっくりと。

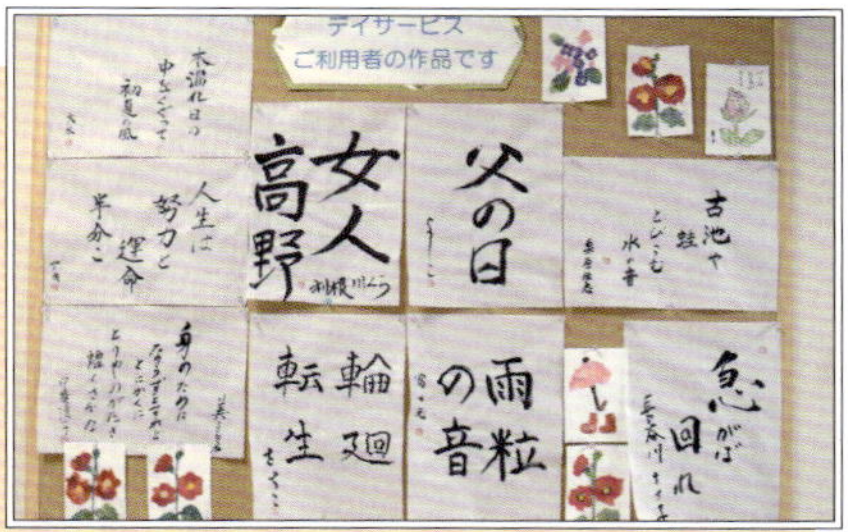

歳を重ねても、続ける方が多い書道。特別養護老人ホームには皆さんの作品がずらりとならびます。

自然と触れ合い続けることは大切。郊外では利用者たちが本格的な野菜作りをしている施設も。

真ん中の男性、施設のスタッフではありません。利用者さんですが、食事の支度を手伝っています。

室内の飾りは、利用者さんたちが作っているというデイサービス。飾り付けも皆さんでするそうです。

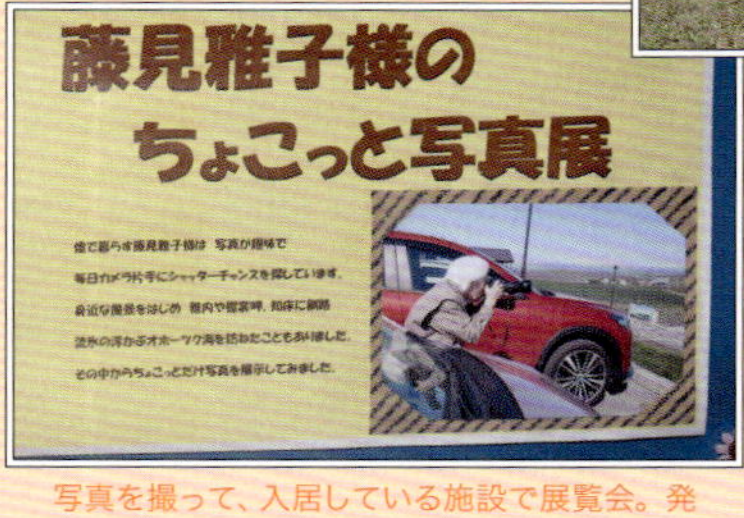

写真を撮って、入居している施設で展覧会。発表することは、趣味を続ける励みにもなります。

編み物の腕前は、少々姿勢が悪くなっても衰えません。周りが騒がしくても無心で編み続けます。

13話　お泊まりするたま子さん

たま子さんがデイサービスに行かない日
気分はいかがですか〜？
また来た…
とっても良いわよ〜いつも来てくれてありがとうねぇ
ジュリーも元気？
…
もしやたま子さんのお弁当ねらいか？
ポピンポーン
お弁当お持ちしましたよ！
わぁ！おいしそう〜！
…
では私は帰りますのでゆっくり召し上がってくださいね
なんだ違った…
はっ
ボクのごはんは!?
ジュリーごめん！忘れてた〜！
ニャーーーッ
やっぱりたま子さんのお泊まりはイヤだ!!

寝返りと起き上がり

身体が弱ってくると、寝返りをすることも、起き上がることも1人ではできなくなるんだよね。

SETSUKO'S VOICE そうよ。介助が必要になるけれど、ちゃんとした介助で、自力で起きることができる高齢者もいっぱいいるのよ。

寝返りの介助

寝返りと寝返ったあとの横向き（側臥位）の姿勢は身体を軟らかく保つためにも、とても大事な動きです。人間の本来持っている動きを利用すれば、寝返りの介助は思いのほか簡単です。

寝返りで大切なことは、幅広のベッド（100cm以上）を使用する。（寝返りが自立していない人の練習時は、ベッド柵を外す。）

①寝返る側にスペースがあること、寝返る人の身体の軸が真っすぐ（できる範囲で）なことを確認する。

②寝返る側の腕を90度まで開いてもらう。

図2

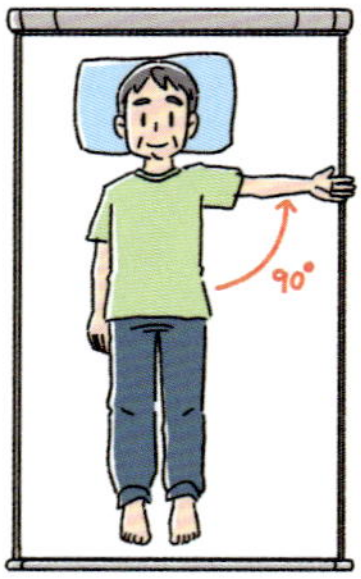

③両膝をできるだけ立ててもらう。

④反対側の手は（できれば肘まで）お腹の上に乗せる。

図4

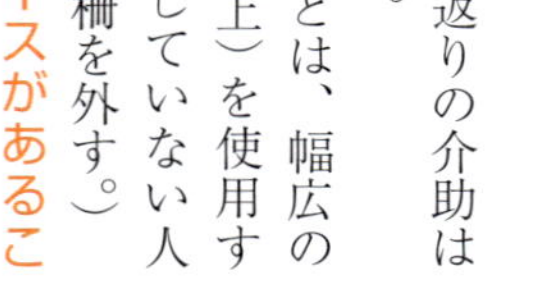

⑤介助者は介助される人の胴体の部分に入り、膝に指を当てて、肘を手前に引く。介助は膝の1か所だけ。最初から2か所で行わないようにする。

図5

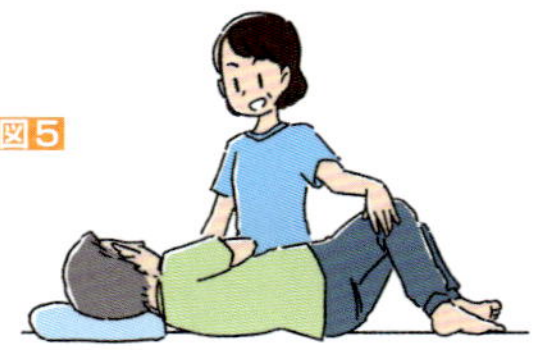

起き上がりの介助

必ず健側（機能の良い側、まひのない側）に起きるように、ベッドの位置を決めます。良い方の肘をつきながら起きてもらいます。

①左へ起き上がる場合、左肘がつけるように少し斜めに寝てもらう。

図1

②起き上がるほうに寝返り、ベッドの端まで足を伸ばしてもらう。

図2

③左肘をつくところまで上半身を起こすよう、誘導する。

図3

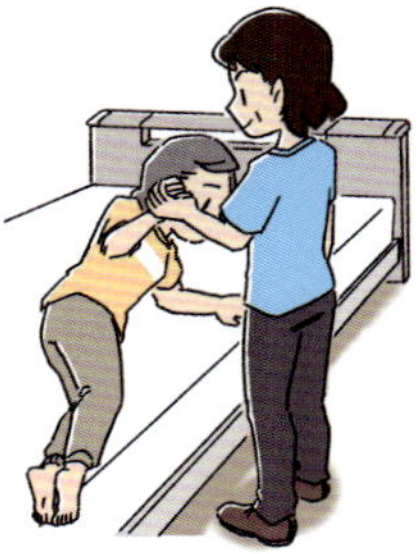

④両脚をベッドから下ろしてもらう。難しい場合は介助する。

図4

⑤左肘を少し手前に引いて左手の平をベッドに、肘を伸ばして起き上がる。介助者は引っ張らないこと。

図5

寝返りとか、起き上がりとか、介助する人が一方的にサポートすればすぐにできてしまうことだと思うのだけれど、ここでも介助される人自身の力を引き出すようにすることが大切なんだ。ところで、セツ子先生、いまさら聞くのも何なんだけれど、介助と介護ってどこが違うの？

介護は障がいや高齢で、日常生活をすることが困難になった方々が、できるだけ自立した満足できる生活が送れるように、専門的な援助をすること。介助は、立ち上がり、歩行、寝返り、起き上がりなど基本動作が出きなくなった人のサポートをすることよ。

PART 2

第7章

介護と食事

できるだけ口から食べ、栄養バランスが取れている食事をすることは健康維持だけでなく、心身の回復にも結び付きます。在宅介護は介護者が朝昼晩の食事の対応に追われ、食事を充実させることは難しいですが、市販の惣菜、宅配のお弁当、デイ・サービスなどを利用して、楽しい食事の時間を提供するようにしましょう。ちなみに、食事は五感で味わうものといわれます。食事内容だけでなく、明るい食卓、きれいな食器など食事環境も工夫をすることも忘れないように。食は愛です。

14話　たま子さんの食事

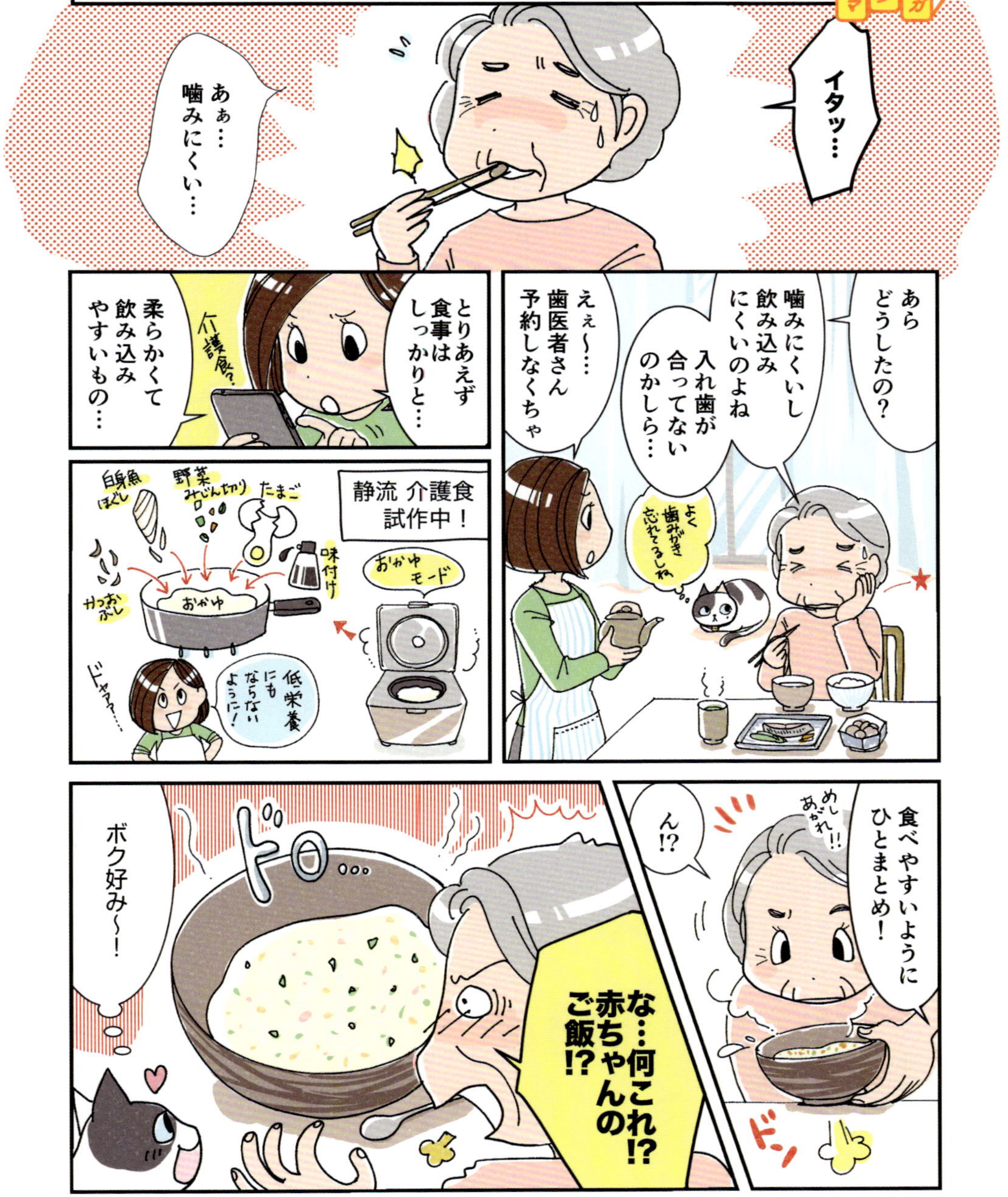

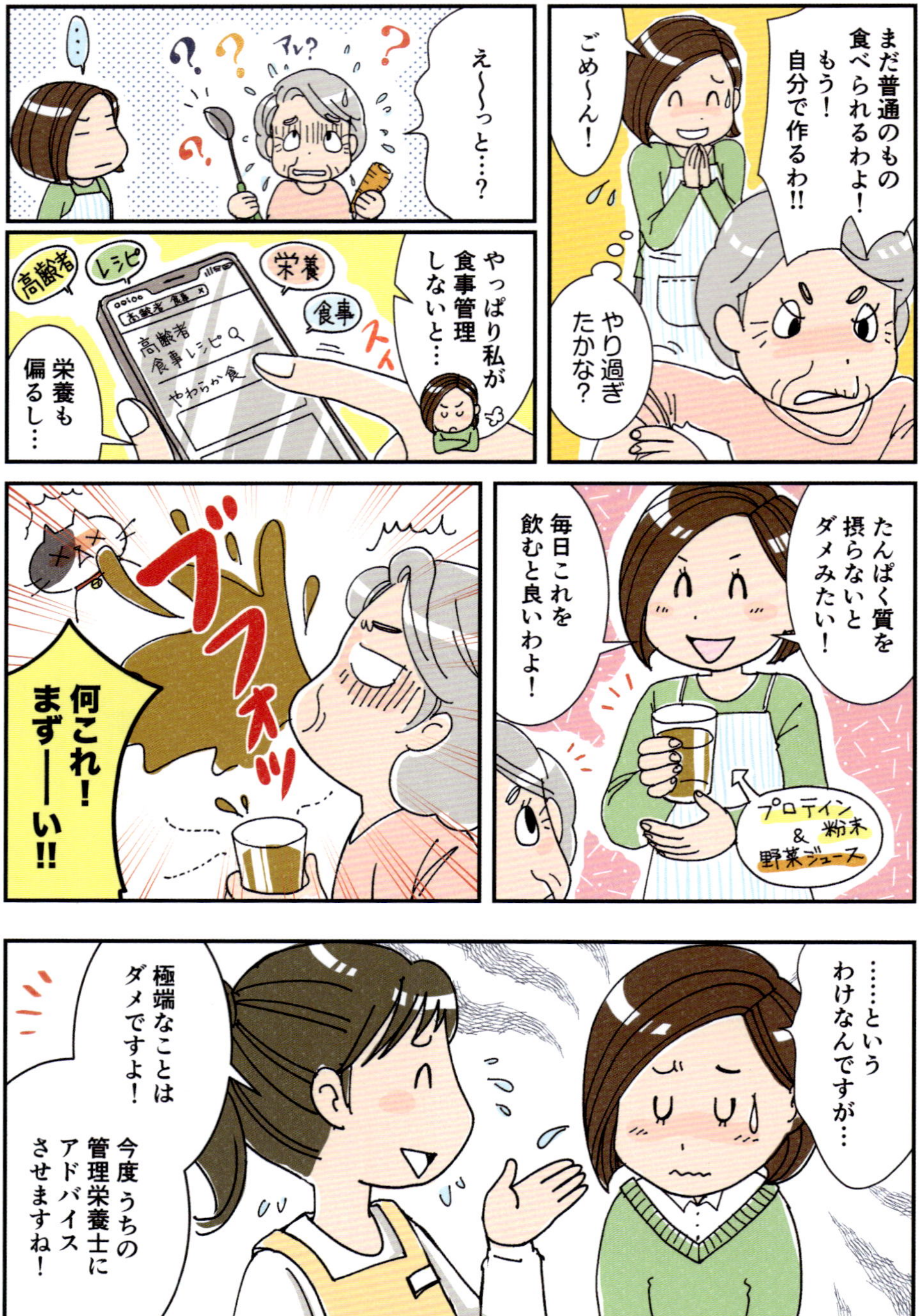
まだ普通のもの食べられるわよ！もう！自分で作るわ!!
ごめ〜ん！
やり過ぎたかな？
え〜〜っと…？
アレ？
…
やっぱり私が食事管理しないと…
栄養
食事
高齢者
レシピ
高齢者 食事レシピ
やわらか食
栄養も偏るし…
たんぱく質を摂らないとダメみたい！
毎日これを飲むと良いわよ！
プロテイン粉末＆野菜ジュース
ブフォッ
何これ！まず――い!!
……というわけなんですが…
極端なことはダメですよ！
今度うちの管理栄養士にアドバイスさせますね！

介護食の基本

高齢者は低栄養に気を付けるようにって言われるけど、低栄養ってなに？栄養不足や栄養不良とは違うの？

広い意味では栄養が足りていないことだが、低栄養とはエネルギーとたんぱく質不足の状態をいうのだ。この二つが不足すると、元気に動くことも、身体の組織を維持することもできなくなるから、気を付けなければならない。

特に、高齢者は低栄養になると、寝たきりになるリスクが高くなるから、注意が必要だ。

でも、「この人は低栄養です。たんぱく質が足りません」って、見ただけじゃ分からないこともあるよね。

体重とBMI（体格指数）と血液中のアルブミン量（体内たんぱく質量が分かる）の検査で調べるのだ。

- **体重**：半年間に2〜3kg以上減る、あるいは1か月から半年間以内に体重が3％減少したら要注意。
- **BMI**：値が18・5以上25未満ならOK。でも、高齢者の場合は20以下になったら注意したほうがいいとも言われている。
- **アルブミン値**：3.5g／dl未満になったら要注意。

高齢になると、身体を動かす機会が減る。そうすると、お腹がすかないから食事の量が減って、エネルギー量やたんぱく質がさらに減って、もっと動けなくなる。

だから、栄養バランスがとれた食事をして、適度に身体を動かすようにするのだ。

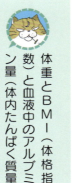

手っ取り早く、低栄養にならないようにするには、どうしたらいいの？ 静さんが考えたみたいに、たんぱく質のサプリメントを飲めばいいのかな？

それはダメ！ サプリメントや薬に頼る前に、まずは、いろいろな食品を組み合わせた食事を楽しく摂ることだ。老若男女、古今東西問わず、食事の基本は栄養バランス。

1日30品目とは言わないが、たんぱく質、そして炭水化物、脂質、ビタミン、ミネラルといった五大栄養素を必要量を摂ることだ。

そのためには、一つの物、同じ物に偏らないで、いろいろな物を食べるようにするといい。菓子パンだけとか、おにぎりだけというのは無しだ。でも、一番大切なのは、楽しく、おいしく食事をすることだ。

それにしても、高齢になると食事の量は減るかもしれないけれど、病気でもないのに食べられなくなるものなの？ ボクなんか、ごはんを食べない生活は考えられないよ。

高齢者が、食事を摂らなくなる原因は、病気以外でもいろいろとあるのだ。身体的にあちこちが痛くなったり、精神的に不安になったり、悲しくなったり、経済的な問題を抱えている人もいる。

そうすると、ご飯ものどを通らない。介護する人は、食事だけじゃなく、生活全体を考えてあげたいな。それでも低栄養になったら、管理栄養士に相談だ。

それから、食事は3食きちんと摂ることも忘れてはならない。特に朝食は重要だ。体内時計をリセットしてくれるから、必ず食べるようにする。

え！ 朝食？ 朝から食べられない人だっているでしょ。

いや、絶対に朝食は必要だ。人の身体には体内時計という時計のようなものがあって、身体はそれに合わせて動いている。でも、その時計は1日が24時間より長い。だから、朝に日の光や食事で、時計を毎朝リセットする必要があるのだ。

食事介助の方法と考え方

自分で食べることができなくなったら、介護の人に食べさせてもらうんだよね。

そうだ。食事介助という。でも、セツ子先生によれば、介護者のちょっとした工夫と注意で、自分の手と口で食べ続けることができるそうだ。

セツ子先生の"最期まで口から食べるために"すること

食事の前にバイタル・意識のチェックをしましょう。

発熱・疼痛・口腔内のトラブル・便秘・服薬・傾眠・睡眠不足などをチェック。疾患があればまずその治療をします。

食前の準備をします。

手洗い・口腔ケア・軽い体操・嚥下体操などで、意識も身体も食べる準備をします。

五感を大切にした食卓に。

食事の味付け・香り・色・食器とのコントラスト。

座り方（坐位の安定）に注意。

食べやすい　手の使いやすい姿勢・前傾姿勢で椅子／車いすの選択／高すぎない食卓／場合によっては足台を使う。

使いやすい食器を考える。

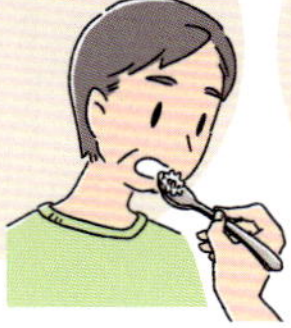

食物の形態は、一人一人で異なるので、各自に合わせる。

次の行為はしてはいけない。

「急がせる」「落ち着かない環境での食事」「不適切な食事介助」（無理やり口に押し込むなど）

なぜ、食べてもらえないのか？　飲み込めないのだろうか？　意識・認知・感覚・咀嚼・嚥下・手の機能・体の安定　痛みなど原因を考えて、それに合った対策を考えましょう。

食べにくい場合は、動作介助をしてもよいのでできるだけ本人にスプーンなどを持ってもらって食べてもらいます。途中まででもよいので、本人ができないところから介助しましょう。失敗はさせないように。

できるだけ口から食事をというのは分かったけど、病気が進んじゃって、口を開けることもできなくなっちゃったらどうするの？

その時の状態にもよるのだけれど、多くの場合、医者から口から食べなくても栄養を摂る方法を勧められる。

いくつかの方法があるが、大きく分けると、「静脈栄養法」と「経腸栄養法」だ。

それをするかしないかは家族で意見が分かれることが多いようだ。

COLUMN by 介護の先輩

介護食の形態に固執しない

飲み込みや咀嚼を考えた「介護食」は、一昔前に比べるとバラエティに富み、介護食＝美味しくないというイメージは少なくなりました。でも、そこまで介護食を特殊なものとして考えなければいけないのかということには少々疑問も感じます。「目黒のさんま」という落語があります。お殿様があるとき食べた秋刀魚の味が忘れられず、集会の食事として所望したところ、家来が身体に悪いとさんま独特の油を抜き、のどに刺さるとよくないと骨を抜き、食卓に出したという話です。手をかけすぎて本来の美味しさなどを損ねてしまっては元も子もありません。慣れ親しんだ、その食品の本来の美味しさを味わうためには、少量ずつ食べるなどの方法もあるということを忘れたくないですね。それに人間はそんなにやわではありません。好きなものはどんな状態になっても食べられるものです。私の母も食べることが好きだったせいもあり、介護食対応になっても、起き上がれるうちは外食で寿司などを食べていました。

PART 2

第8章

介助がより必要になった時のために

高齢、特に介護が必要な方は本人の自覚がないうちに、いろいろなことができなくなってきます。在宅介護で介護をしている人は、もしもの場合の介助知識を持っていたほうが安心でしょう。ちなみに、施設でヒヤリ・ハット（ヒヤッとした、ハッとした出来事）で多いものは転倒。転倒は骨折の原因になるなど、家庭内でも最も気を付けたいことです。身体が衰えてきたら転倒しないように介助する、万が一転倒した場合にはどういう対処が必要かなどの一例をあげました。

15話　静さんの悪夢

アッ!!
ドスン!
静~!! 助けて~~~!!
ビクッ
いだだだ…
座り損ねた…
と…とりあえず立てる?
立てないわ~!
ガバッ
はっ!!
ゆ…夢か…
フー…
ドキドキドキ
何…? どうした?
ごめんごめん 何でもない!

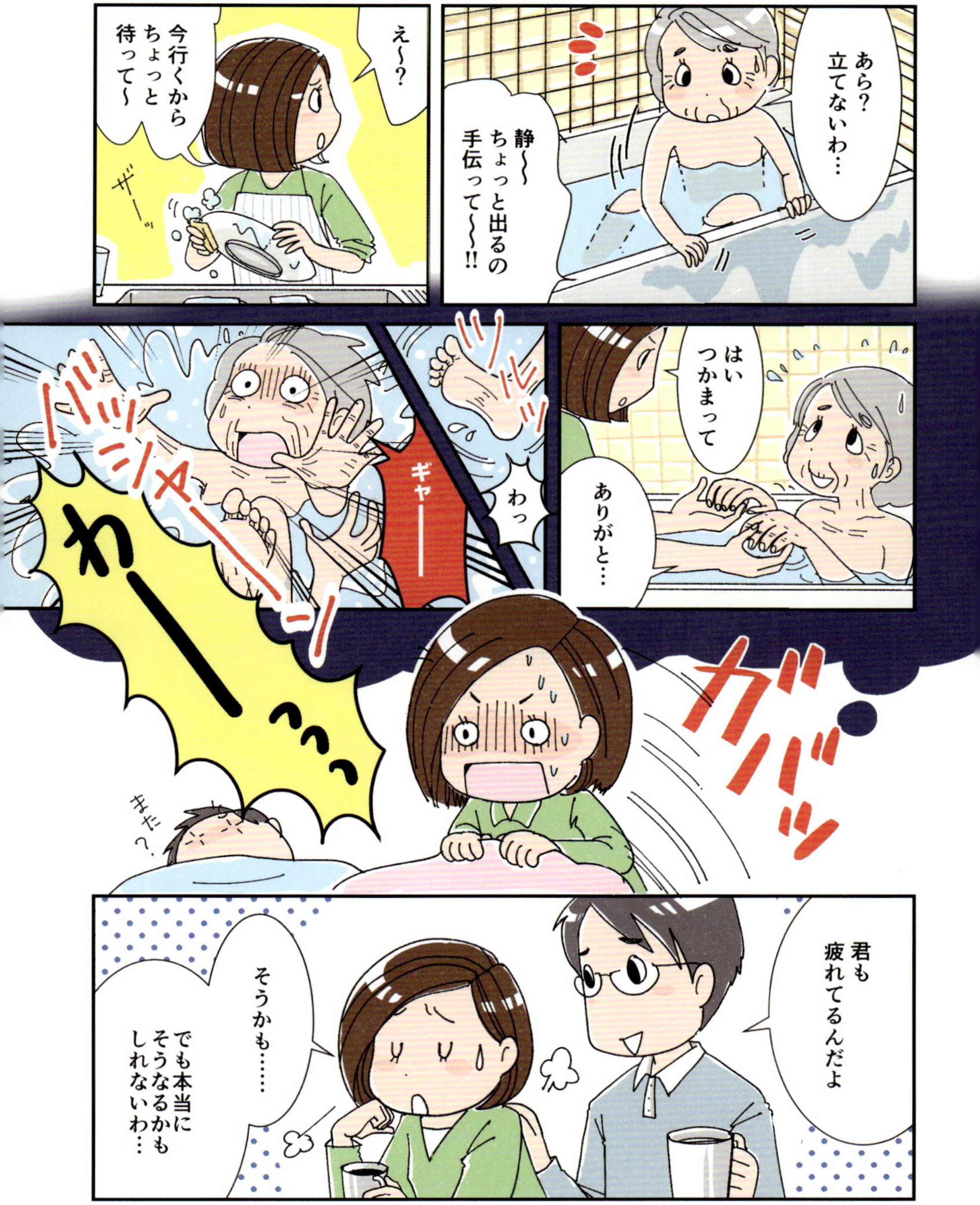
あら？立てないわ…
静～～ちょっと出るの手伝って～～!!
え～？
今行くからちょっと待って～
ザーーッ
はいつかまって
ありがと…
ツルッ
わっ
ギャーー
バッシャーン
わーーっっっ
ガバッ
また？
君も疲れてるんだよ
そうかも……
でも本当にそうなるかもしれないわ…

静さんは思った
たま子さんが1人で着替えができなくなったら…
袖通して!!
足入れて!
ぐいっ
いたたた
自分でできなくなったら…
ホラッ食べてっ
ムグ
ムググ…
万が一おむつが必要になったら…
これ…まずズボンを…で…？どうするの？どうしたら…??
あんしん
正直恥ずかしい…

ケアマネの訪問日…
いろいろ考えちゃいます…
そうですね…いずれは…
でも静さんは小規模多機能のスタッフとも上手にお付き合いしているし
介護カフェにもお友達がいるから助けてもらえますよ！
でも急に…ということもあるので「基本的」なことは知っておいた方がいいかもしれませんね
日常の介助
倒れた時の起こしかた
そうだ今度講習会とかあったらご連絡しますね！
絶対に1人で抱え込まないでくださいね！
「皆で」たま子さんを支えていきましょう！

床からの立ち上がり介助

介護が必要な人は、床に倒れたら、自分じゃ起きられないよね。どうしてあげればいいの？

SETSUKO'S VOICE

まず、人が床から立ち上がるために必要なことは、たくましい筋力ではなく、関節の可動域の広いこと、緊張が高くないこと。普段から身体の緊張が高いとか、少しのストレスで緊張してしまう人は、床からの立ち上がりは難しいの。介助にはいろいろな方法があるけれど、慣れていない人は、パニック状態になって、ちゃんと動けないことも多いわね。

例えば、介護されている人が、ベッドから落ちたらどうすればいいの？

SETSUKO'S VOICE

介助者1人で対処できなければ、助けを呼ぶ。必要な場合は救急車に連絡する。でも、転んだ、床に落ちたからといって、慌ててすぐにベッドに戻そうとする必要はないのよ。助けが来るまで、床に座布団や布団を敷いて、寒いときは暖かくして、快適な状態を保つようにすることが大切。

浴槽から上がれなくなったらどうするの？

SETSUKO'S VOICE

手を貸せば立ち上がれそうだったら、お湯は張ったままで、浮力を利用して介助します。立ち上がれそうもない場合は、お湯を抜いて、身体や浴槽を拭き、服を着るなど暖かくして助けを待ちます。でも、本人も介助者も落ち着いてくると、いつものように立ち上がれることもよくあるわ。

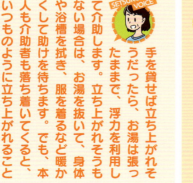

転んだ場合の介助法

❁坐位まで（座る姿勢まで）後ろからの介助

左肘に体重が乗るようにする。

肘から左手に体重が乗るようにする。

❁立ち上がりの介助

後ろから、高齢者の上方への動きに合わせて骨盤を支える。

高齢者自身が上体を起こしてくる自発的な動きに合わせて介助。

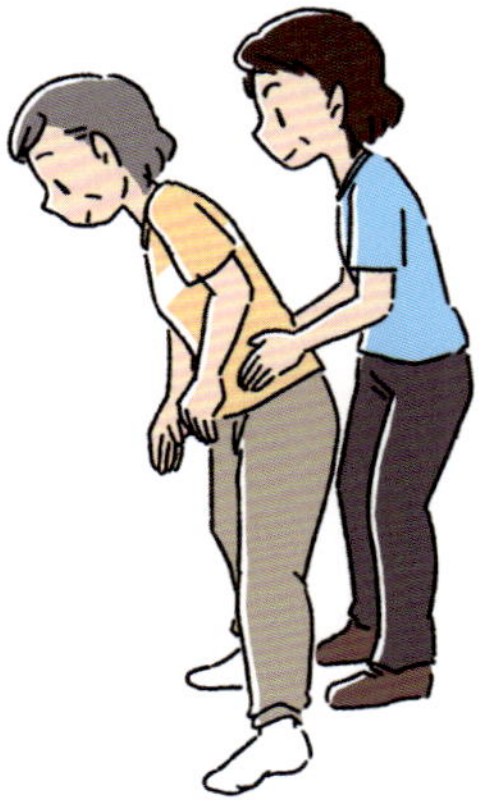

❁台を利用した前からの介助

低い台に乗り移ってからの立ち上がりを介助。

上に持ち上げないことが大事。

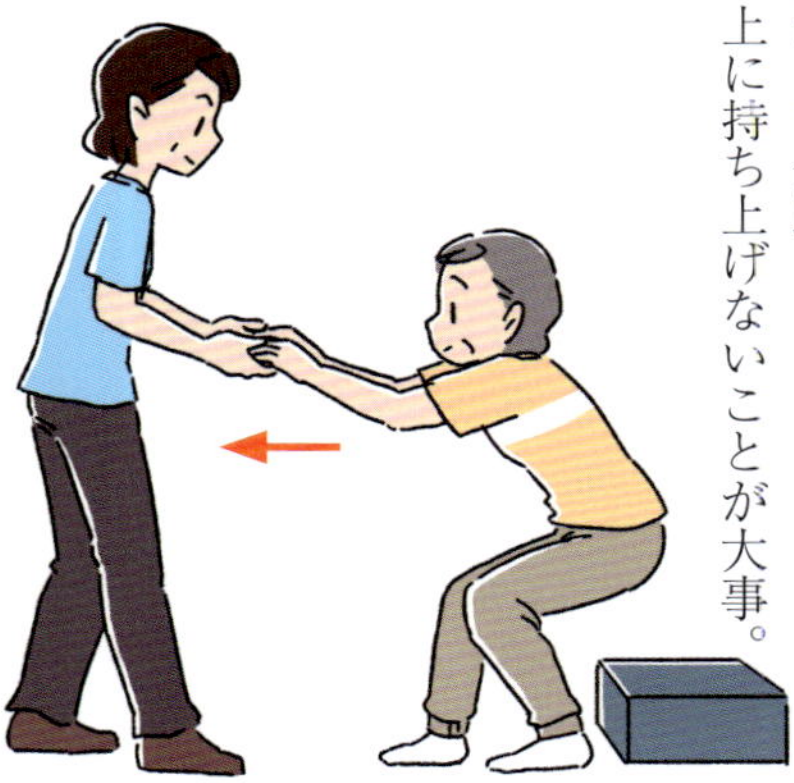

❁立ち上がりの全介助

腕を組んでもらい、後ろから手を回す。片膝を曲げてもらう。

介助される人を軽く引き寄せてから、膝が伸びるように、身体を前に押し出し、立ち上がってもらう。

トイレの介助

介護が必要になると、トイレも1人でできなくなる人が多いよね。どうやって助けてあげればいいの?

排せつは必要不可欠であると同時に、とてもプライベートな行為です。

立ったり歩けなくなったり、「おしっこ」や「うんこ」が分からなくなったら、おむつになっても仕方ないと思われがちだけれど、歩くことや立っていることが難しくなっても、座ることさえできれば、トイレで排せつすることは可能なの。おむつは避けたいわね。

「介護=おむつ」っていうイメージがあるよね。大人用のおむつを抱えている人を時々見るよ。ドラッグストアにもたくさん買って、並んでいるしね。

おむつは、最後の最後の手段。よく、認知症や脳卒中の人は、便意や尿意がなくなると思っている人がいるけれど、それは違うの。おむつを使い続けること、排せつのタイミングを逃してしまうことが多いのよ。で、便意や尿意がなくなってしまうことがあるのよ。

自然排便のために大事なこと

朝食後にトイレに行く習慣をつけましょう!

朝は副交感神経が優位になっています。また、朝食後は、胃・大腸反射が起こりやすくなっています。

前かがみで座る姿勢をとりましょう!

そうすることで、腹圧と重力がかかりやすくなります。直腸の収縮力と腹圧は加齢とともに衰えますが、重力は歳をとっても利用できます。

ちなみに、足腰さえ強ければ和式トイレは排便にとって最良のトイレといえます。

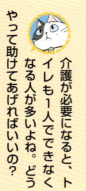

車いすの人のトイレ動作（自立）

❶健側（片まひの場合はまひしていないほう）が、縦バーの前にくるように車いすを止めます。

車いすと便座が大きな角度になる程、移乗の距離が長くなってしまうので、トイレの大きさや形によりますが、車いすは便座と平行〜90度までの間に止めるようにします。

❷立ち上がりの準備の姿勢（P120参照）になり、縦バーを健側の手で持ちます。

❸立ち上がります。

図2

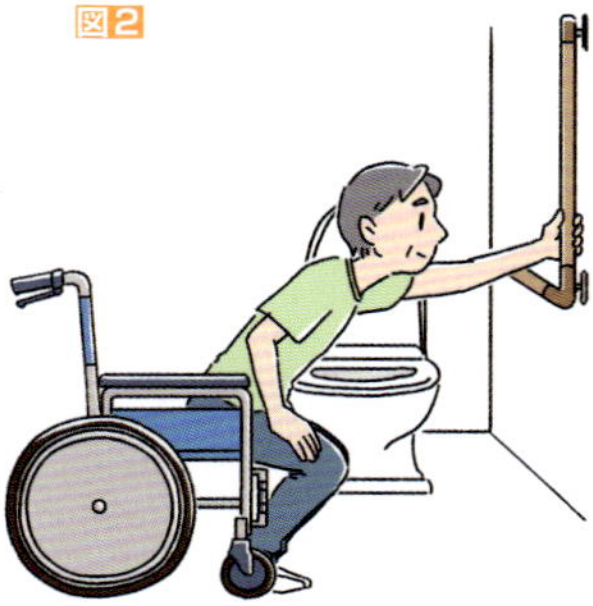

❹縦バーを持ったまま、少しずつ足を動かして便座のほうにお尻を向けます。

図4

❺可能ならば、衣服を下げて便座に座ります。

図5

難しい場合は一度便座に座り、座ったままで衣服を下げるようにします。途中まで下げてから、腰を少し浮かせ、下着などをずり下ろします。

※完全に立つことができない人は左手で手すり、右手でアームサポートを持ったまま移乗するようにします。

身体が不自由になってもトイレこそ、できるだけ自分の力で、ずっと頑張りたいよね。

無神経に側で見ていられるのって、ボクだってても嫌だもん。

お風呂の介助

デイサービスのお風呂を楽しみにしている人、多いよね。やっぱり、介護が必要な人は、おうちのお風呂に入れないのかな? おうちの方が、ゆっくり入れるような気がするんだけどな。

そうね。家のお風呂だと危ないのではなどと思う方もいるようだけど、浴槽と同じ高さのシャワー・チェアや移乗台（洗い台）、バーがあれば大丈夫。入れてあげることができます。

浴槽での介助が大切なのは絶対に持ち上げないこと。持ち上げると足が滑って危険です。

浴槽に入る

まひがある人が浴槽に入るときの介助のポイント。

❶洗い台の前方まで移動し、浅く腰掛けてもらう。健側（まひがない側）の脚を浴槽に入れてもらう。

図1

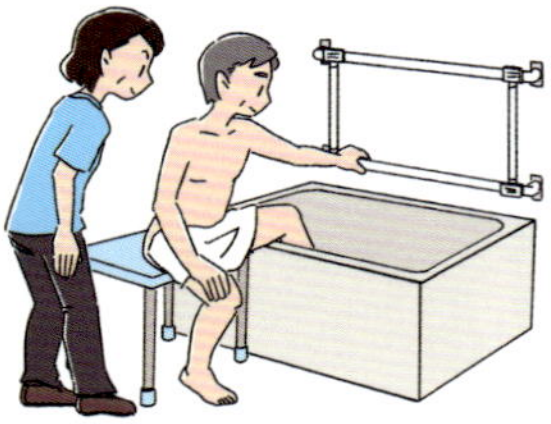

❷患側（まひ側）の脚も浴槽に入れてもらう。できなければ介助する。安定して座れない場合、介助者は支えておく。

図2

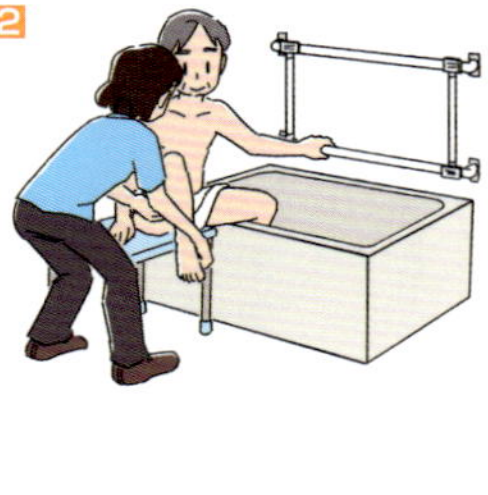

❸バー（浴槽の縁）を持ってもらって前方に屈みながら、浴槽に浸かる。できない場合は、介助者は、患側（まひ側）の脇を支えて前方に介助する。

図3

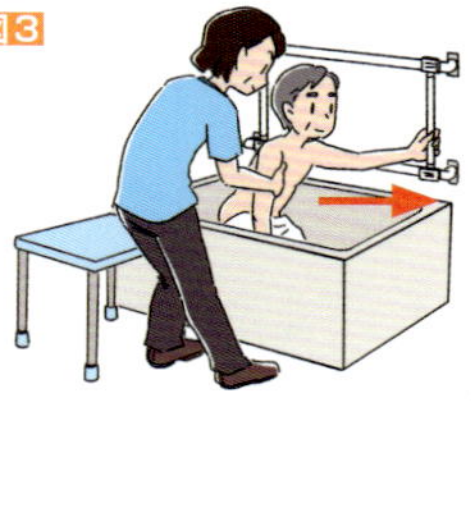

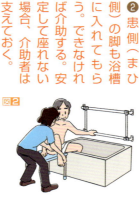

浴槽から出る

まひがある人が、浴槽から出るときのポイント。浮力を利用すると、介助する人もされる人も、負担を減らすことができる。出るときは入るときより力が入りやすいので、裸の人の腕などを強く握ったりしないように。

❶高齢者に手すり（浴槽の縁）を持ってもらう。あまり手前すぎるとお尻が浮かない。介助者は高齢者の患側（まひ側）の脇を側方から支え、前方に介助する。

図1

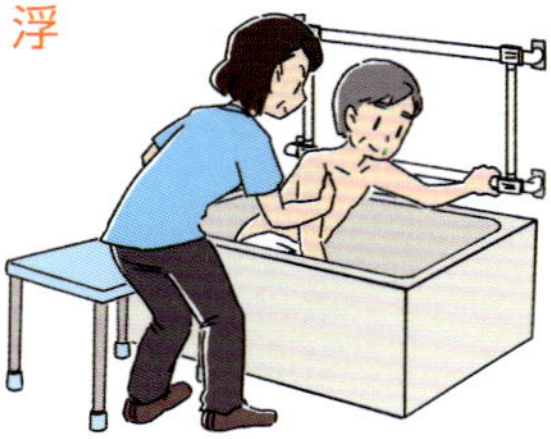

❷浮力でお尻が浮いて、身体が持ち上がったら、洗い台かシャワー・チェアに腰掛けてもらう。

❸腰かけてもらったあと、状態が安定したら、まずは健側（まひではない側）の脚を浴槽から出してもらう。それから、ゆっくり患側（まひがある側）も介助しながら浴槽から出す。

図2

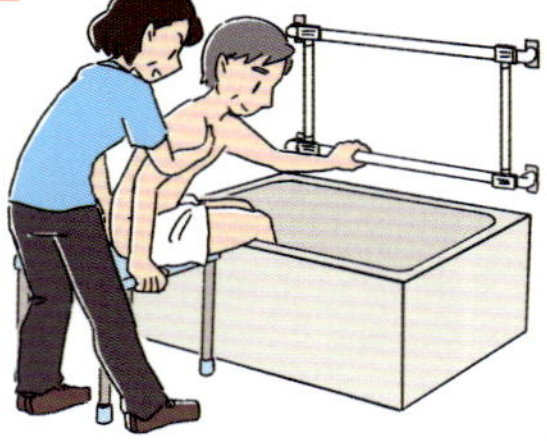

※脇ではなく、骨盤を支えて介助する方法もある。浴槽に入るときも出るときも、前かがみの姿勢になってもらい、介助者は後ろから骨盤を支える。

図3

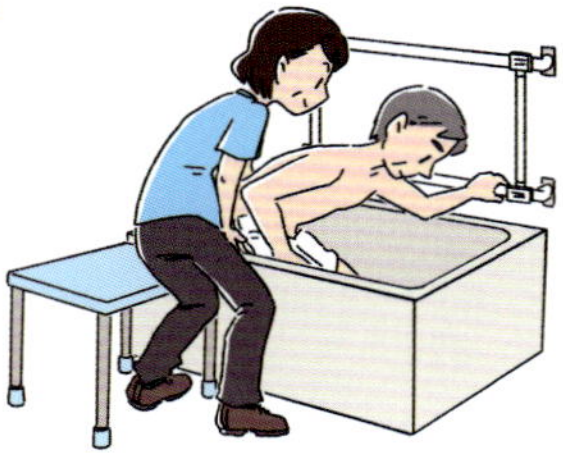

SETSUKO'S VOICE

あと、お風呂場だけじゃなく、脱衣場のことも考えたほうがいいのよ。

手すりを取り付けたり、腰掛けを置いたりするといいんだよね。腰掛けはお風呂上りにくつろげるし、ボクの昼寝のスペースにもちょうどいいんだ。

SETSUKO'S VOICE

滑らないようにしておくことが大切!! そして、服の脱ぎ着、化粧水をつける、ドライヤーをかけるなど本人ができることをしてしまわないようにしましょう。

着替えの介助

起きているときもパジャマ、寝ているときに普段着のまま1日中同じ格好をしている高齢者っているけど、よくないよね。

SETSUKO'S VOICE

朝晩、外出時などに衣服を着替えることは、単に衛生や体調管理のためだけでなく、高齢者の生活にリズムや変化をつけるためにも大切なこと。小さな子どものお着替えのように、一方的に着替えさせるのではなく、持っている能力を衰えさせず、引き出すように、一つ一つゆっくりと介助しましょう。

着替えの原則

- まひがある場合、着るときは患側（まひがある側）から、脱ぐときは健側（まひがない側）から。時間がかかっても、できるところは自分でやってもらう。

　例えば、袖に手を通してもらう場合でも、通しやすいように服を整えてから、腕は自分で入れてもらい、できないところだけを介助する。

- 介助される人のペースで着替えられるようにすることも大切。その人に合った坐位（座った姿勢）にして、身体が安定して手を使いやすい環境を整える。
- 介助される人のお気に入りの色、模様、スタイルなどを取り入れて、着替えの時間が楽しくなるようにすることも忘れずに。
- 認知症の人は、衣服の形を整えて前に拡げるなど、工夫だけで服が着られることもある。着る順番に衣服を並べてあげる。
- 服の左右、後ろ前が分かりやすいように、印をつけるのも大切。

片まひがある場合、前開きのシャツの着脱介助

着る

❶まずはコミュニケーション。どんな形の服か分かるようにして、これから着てもらうことを伝える。

❷上着の袖を患側（まひのある側）のほうから腕に通してもらう。

図1

❸服を肩の上までしっかり引き上げる。

図2

❹上着を背中へまわす。

❺健側（まひがない側）の腕に袖を通してもらう。

図3

❻肩の位置や襟元を整えて、ボタンを留めてもらう（できることはゆっくりでも自分でしてもらう）。

脱ぐ

❶ボタンを外し（細かいところも、できるだけ自分でしてもらう）、患側（まひのない側）の肩の部分を少し降ろす。

図4

❷健側（まひのない側）の袖を脱いでもらう。

図5

❸患側（まひのある側）に服をまわす。服を前に持ってくる。

❹患側（まひのある側）の袖を脱いでもらう。

図6

セツ子先生、最近は脱いだり着たりしやすい洋服、下着やパジャマもいろいろとありますよね。

そうね。着やすくておしゃれな服や、介助する人にも、着替えが楽な服が増えているから、上手に利用するといいわね。

ベッドから車いすへ

ベッドから車いすへ移るというと、介助者が介助される人を「ドッコイショ！」って持ち上げる場面を想像しちゃうけど、誰かに頼らなくちゃ、移れないの？

ベッドから車いすや、車いすから椅子や便座などへの乗移りを移乗と言うのだけれど、力任せにしてもだめ。いろいろな動作が組み合わさっているから、一つ一つていねいにすること。そうすれば、介助する人もされる人も、余計な力を使わないで移乗できるのよ。

移乗の原則

- 健側（まひがない側）から移乗する。
- 介助バーは健側（まひがない側）に取り付ける。車いすはベッドの脚側（患側）に置く。介助バーを利用しないときは、車いすは健側斜めに置く。

介助バーを使った車いすへの移乗

❶車いすはベッドと平行（あるいは少し斜め）の脚側に置く。立ち上がりの準備の姿勢をとる。

図1

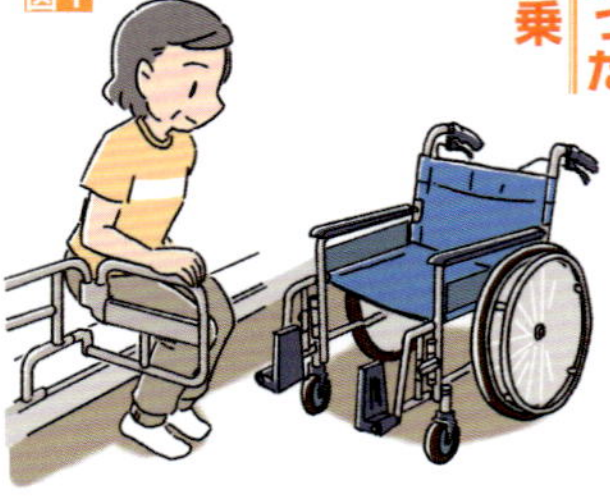

❷介助バーを持って立ち上がる。両手が使える場合は、片手で介助バー、片手は車いすのアームサポートを持って立ち上がる。

❸足を踏み換えて車いすにお尻が向くように移動する。

図2

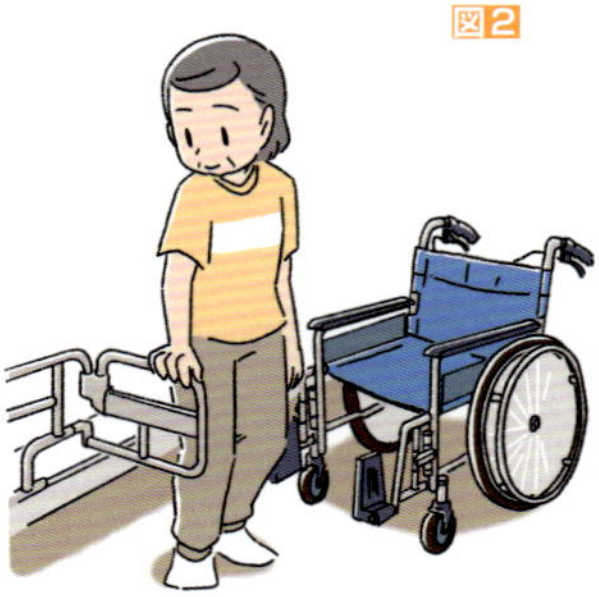

❹介助バーを持ったまま、車いすの座面に座る。

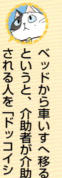

立たないでアームサポートを外して車いすに移乗する

❶車いすはベッドと平行の脚側に置く。

❷車いすとベッドの高さを合わす。

❸車いすのアームサポートを外す（あるいは跳ね上げる）。

図1

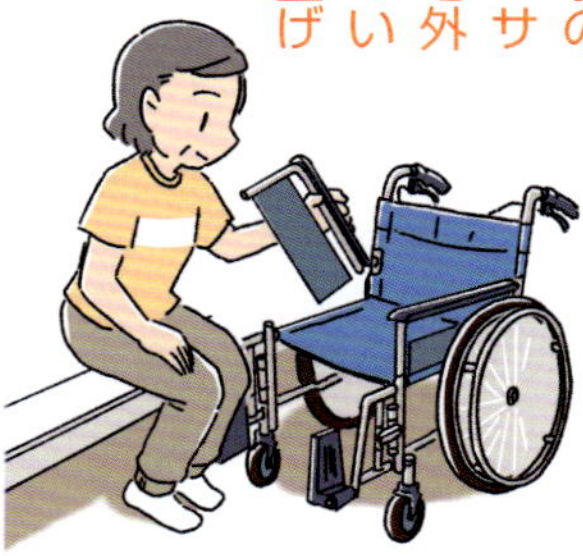

❹ベッド側のフットサポートも外す。

❺少しずつ車いすの方に移動し車いすと平行になる。

図2

❻片手はベッド、片手は車いすのアームサポートを持ってベッドから車いすに移乗する。

図3

車いすからベッドへの移乗

車いすからベッドにも戻る場合は、ベッドから車いすへの移乗の流れを逆に行う。

❶立ち上がりの準備の姿勢をとり、車いすに座ったまま、片手で介助バーを持って立ち上がる。

❷足を踏みかえて、お尻をベッドの方に向けて移動する。

❸介助バーを持ったまま、ベッドに腰をかける。

セツ子先生、介助バーがないベッドもあるでしょ。その場合は、どうするの？

全介助の場合、介助バーは必要ないけれど、それ以外は基本的にはあった方がいいでしょう。介助バーの代わりに、椅子の背などを利用してもいいです。

少しの介助で立ち上がれることができる方と、自力ではほとんど立ち上がれない方とでは方法が違うので、状態に応じて介助方法が詳しく書いてある本を参考にしたり、担当の理学療法士さんや介護士さんの指導を受けるようにしてね。

車いすの種類と機能

車いすって便利だね。なんか最近いろいろな形のものを見かけるけど、みんな同じで、それほど違いはないんでしょ？

SETSUKO'S VOICE

同じじゃないのよ。ジュリーみたいなに「車いす」をただ「椅子に車輪が付いていて、人を乗せて運ぶもの」と思っている人が多いみたいだけれど、自分で上手く座れない、移動できない人にとって車いすはとても大事なもの。一人一人に合ったものを使うようにしなければならないのよ。

その人に合った車いすを選ぶメリット

身体の状態などから、その人に合った車いすを選び、さらに調整することで、次のようなことができるようになります。

- 姿勢の保持（倒れない／傾かない／ずれない／お尻や背中が痛くならない）
- 褥創や拘縮や円背の改善・予防
- 呼吸・表情・発声・発語・咀嚼・嚥下・食欲・便秘の改善
- 更衣・整容・食事などの自立

※車いすは、介助者に押してもらうのが当たり前ではありません。車いすをその人に合うように調整（シーティング）し、高齢者や認知症の方でも、自分で動かして（自走）頂くようにしましょう。

車いすの種類

車いすには、大きく分けて、二つの種類があります。『**モジュラー型車いす**』と『**スタンダード型車いす**』です。

モジュラー型

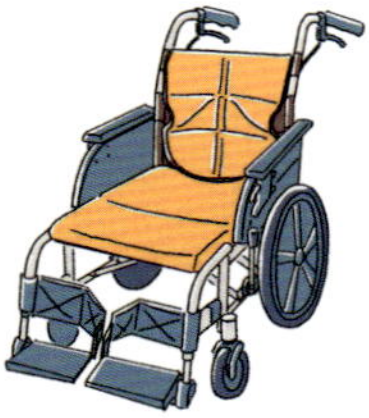

スタンダード型

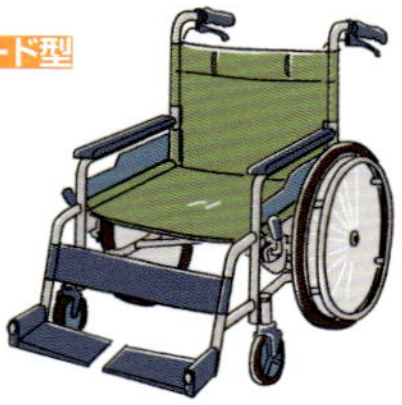

「モジュラー型車いす」調整できる箇所

使用する人の身体に合わせ、さまざまな調整ができる。

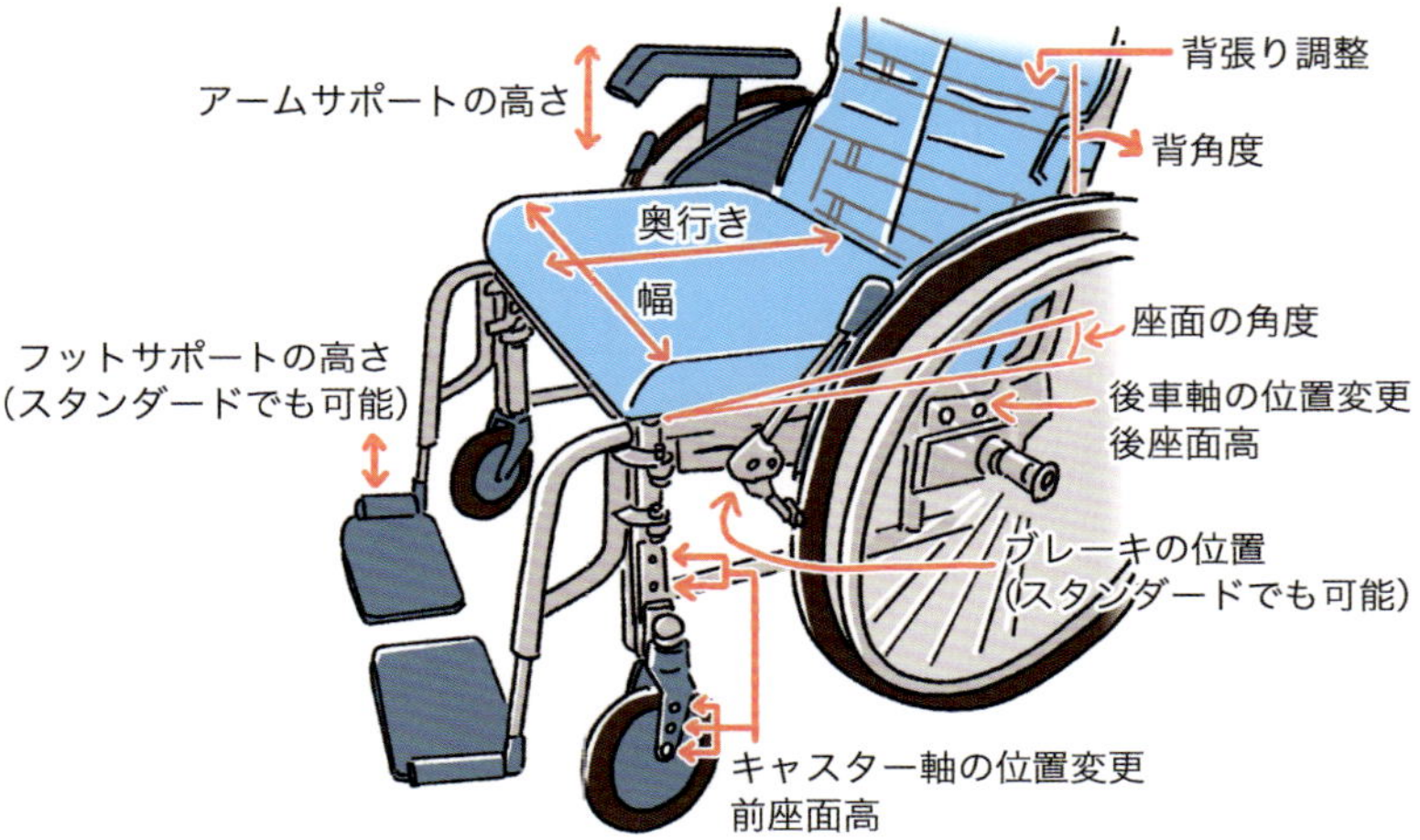

「スタンダード型車いす」でも付けられる機能

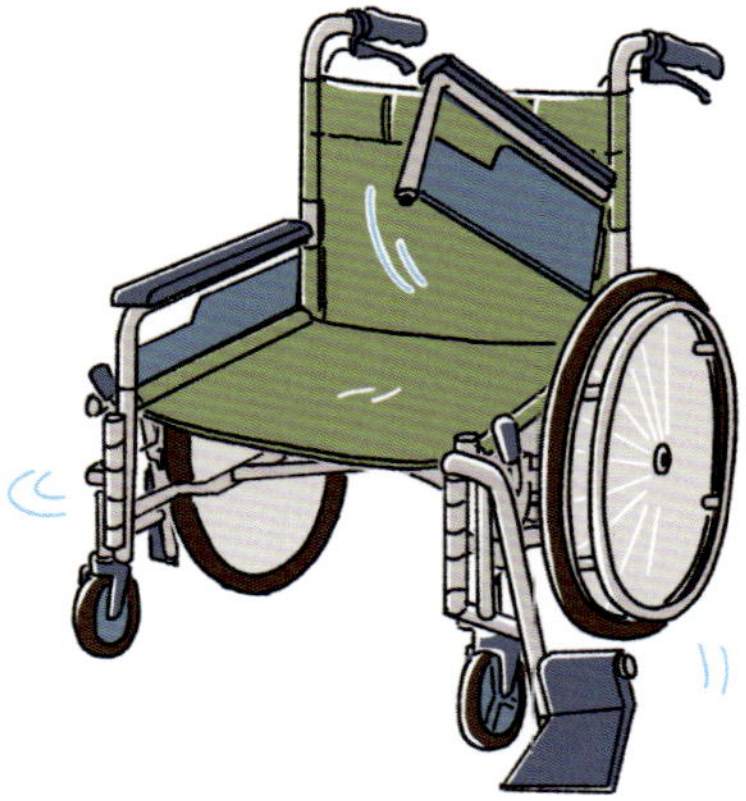

車いすを使用するときは、毎回、
タイヤの空位
ブレーキの効き
クッションの前後
を確認しましょう。

▶レンタルをする場合

①「モジュラー型車いす」を借り、調整できるPT（理学療法士）OT（作業療法士）を探しましょう。
②「スタンダード型車いす」ならば、フットサポートやアームサポートが脱着（スイング）できるものを使いましょう。

PART 2

第9章

介護方法などの変更を考える

介護される人の状態は心身ともに変化していきます。それに伴って介護しなければならないこと、介護の方法も変わります。多く見られる例は在宅から施設への変更。医療的な対応が必要となる、介護しなければならないことが増えるなどで、入院、施設入所が必須な方もいらっしゃいます。ただ中には施設から在宅に戻される、体調が悪化しても在宅での介護を続けられるケースも稀ではありません。どういう介護で最期を迎えるかは当時者と身近な介護者の選択になります。

16話　静さんの迷い

小規模多機能の利用が縁で静さんには友人ができた
恵さんの所は義理のご両親ともに認知症なのよね!?
それで二世帯住宅って大変よね～?
そうなのだけど笑っちゃうこともよくあって…
恵さん・44才・主婦
この間も…
恵さん! 知らない男が部屋に…
えっ!!
やだー! お義父さんじゃないですか!
お父さんはこんな年寄りじゃないわよ!
でもしばらくしたら2人で仲よくお茶飲んでるのよ
お花見はどこに行きます?
ズー…
そうだなー…
あら…
けど… このところ2人とも急に進んじゃって家で見るのももう限界かな…って

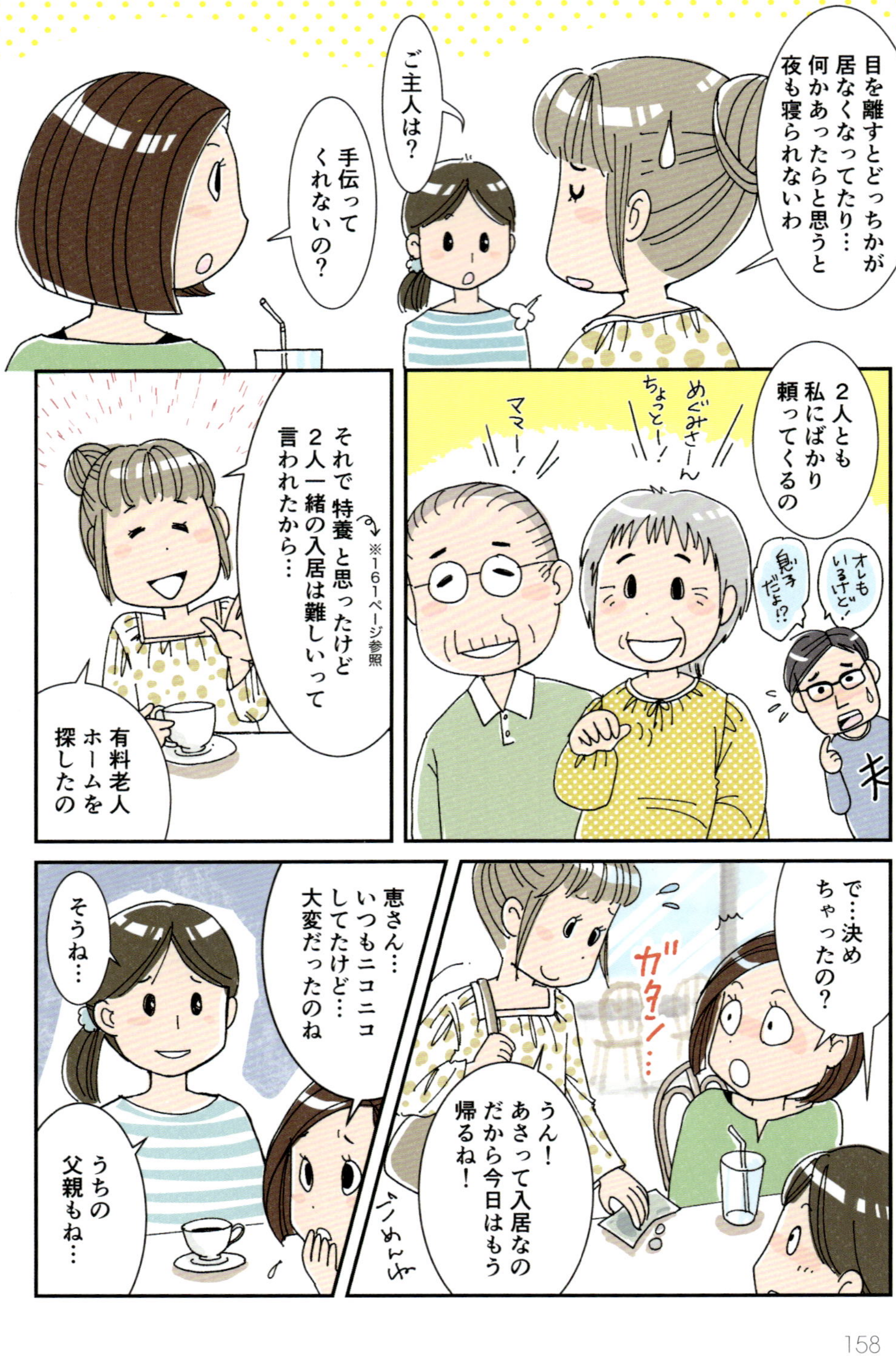
目を離すとどっちかが居なくなってたり…何かあったらと思うと夜も寝られないわ
ご主人は?
手伝ってくれないの?
2人とも私にばかり頼ってくるの
めぐみさーん
ちょっとー!
ママー!
オレもいるけど!
息子だよ!?
それで特養と思ったけど2人一緒の入居は難しいって言われたから…
※161ページ参照
有料老人ホームを探したの
で…決めちゃったの?
ガタン!…
うん!あさって入居なのだから今日はもう帰るね!
ごめんね
恵さん…いつもニコニコしてたけど…大変だったのね
そうね…
うちの父親もね…

彩さんは実のお父様よね
うん…
彩さん・46歳・主婦
以前から車いすの生活だったんだけれど…
彩～
彩～！
ハイハイ
ここ最近心身ともに機能が落ちてきて
彩～…
彩～…
一日中横になっていることが増えたの…
彩～
だから私も今のままでは無理かな…って
じゃぁ彩さんの所も有料ホーム？それとも特養？
近所に新しく看護付きの小規模多機能ができるから…
もう少し在宅で頑張ってみるわ
じゃーねー!!
また連絡するねー
みんなどんどん状況が変わっていっちゃうんだな
トボトボ

ねぇ…
お母さんのことだけど
ん〜？
やっぱりこのまま独りにしておくのは不安で…
夜中に体調崩したり…
うぅ〜…
くるし…
また転んでケガしたり…
バキッ
あっ
ボクはまだ大丈夫だと思うけど…
そんなに心配なら同居とか施設考えたら？
みんなにも相談してみるか…
家族(5)
ポン
久しぶり!
お!どした?
兄
お母さんの今後のことで相談ですが
う〜ん
静が決めたらいいよ。僕らは何もしてないし。
静ちゃんにいつも任せっぱなしでゴメンね！
姉貴の方針にしたがうよ！
お母さん本人は今のままがいいみたいだし…
とりあえず今はこのままがんばるか！
いろんな人たちと相談して決めた静さんにボクも賛成ニャ！

いろいろある介護施設

たま子さんは、在宅介護を続けることになったけれど、介護度が上がると、施設に入る人が増えるよね。

確かに。最初から施設を選ぶ人もいるけれど、始めは在宅介護をしていて、それから施設介護にするケースは、一般的に多い。

実際、状態が悪くなると、家での介護が難しくなる人もたくさんいるからな。ただ、介護施設といってもいろいろなタイプがあるぞ。代表的なものだけ上げてみよう。

介護保険制度の施設

- **特別養護老人ホーム（特養）**：基本的に要介護3以上の人が、最期まで（例外あり）、状態応じた介護サービスを受けられる。
- **介護老人保健施設（老健）**：要介護の人がリハビリや医療サービスとともに短期的（3か月ごとの見直し）介護が受けられる。
- **介護医療院（旧：介護療養型医療施設）**：医療を必要とする要介護の人が対象。病院と異なり、住まいとしての機能を持つ。
- **ケアハウス（軽費老人ホーム）**：軽費老人ホームA型・B型、ケアハウスC型、介護付きケアハウスC型がある。60歳以上で、要介護3程度までの人が対象。
- **グループホーム**：要支援2〜要介護5の認知症高齢者が対象。看取りを行う施設も増えている。（地域密着型サービス）

民間経営等の施設（介護保険制度の施設以外）

- **介護付き有料老人ホーム**：民間の有料老人ホームといえば、ここ。介護から看取りまで対応する。
- **サービス付き高齢者向け住宅（サ高住）**：概ね60歳以上、自立〜要介護3くらいが対象。介護の相談、見守り、食事、買い物などのサービス付き。介護サービスはついていない。近年、要介護3以上の重度の利用者も急増している。

特別養護老人ホーム

介護保険制度の施設の中でも、高額費用がかからずに最期まで入居できる特別養護老人ホーム（介護老人福祉施設）、通称「特養」は、とても人気がある。

でも、なかなかは入れないでしょ。何百人、何年待ちだと、よく聞くよ。

ただ地域によっては、部屋は空いているが、職員が少なくて受け入れられないということも、あるみたいだ。6割を超える特養が人材不足といわれている。そのうちの1割が入所を制限をしている。

でも、どうしてそんなに人気があるの？

介護保険制度の施設だから、利用者や家族には安心感があるし、費用もその人の収入と要介護度で決まる。それに、入居金もいらない。

さらに、最近は民間の高級有料ホームに勝るとも劣らないほど、洒落た建物の所もある。ま、見た目は介護の質とは関係ないけどな。

入るための条件は？

65歳以上（特定疾病の40〜64歳も可）で、要介護3以上の重度の介護が必要とされている人だ。

部屋や設備は？ どんな感じなの？ 民間の有料ホームに負けず劣らず豪華なところもあるって言ったよね。

部屋は4タイプ。昔ながらの「従来型個室」、4人1室が基本の「多床室」。新しい特養に多いのは「ユニット型個室」。そして「ユニット型多床室」。

ユニット型は、10人（1ユニット）ごとに、共通の共有スペースがあることが条件だ。

ホームの選び方

民間の介護施設って高いんだよね？ この間、

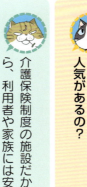

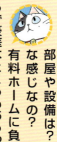

ちょっと足を延ばして隣町に行ってきたんだけれど、なんかきれいな建物が建っていて、新しいマンションかと思ったら、「介護付き有料老人ホーム」って書いてあった。

いろいろなサービスがついていて、コンシェルジュもいるような超高級有料老人ホームや高齢者向け住宅もあるが、民間の施設は低費用のところもあるのだよ。費用は低いが、介護内容がいいところもある。

核家族で、一緒に暮らすスペースがないとか、遠くに住んでいるという家族にとっては、お財布と折り合いがつけば、安心して介護してもらえる所はありがたいね。でも、選ぶのが一苦労でしょ。

説明してもらって、ちょこっと見ただけじゃ分からないじゃない。

これは公的な施設でも同じだが、まずは、当然のことながら説明をじっくりと聞く。そして、短期間入居できるのならば是非試してみるといいと思う。そんな時間がないという人や家族でも、少々長居をして介護現場をちゃんと見ることは大切だ。できるだけいろいろな場所を見せてもらって、入居者や介護スタッフの表情を見ると分かることが多い。施設側の対応で、結構大切な介護者との相性も、感じ取れることができるぞ。

全国いくつかの施設例

特別養護施設
駒場苑
（東京都）

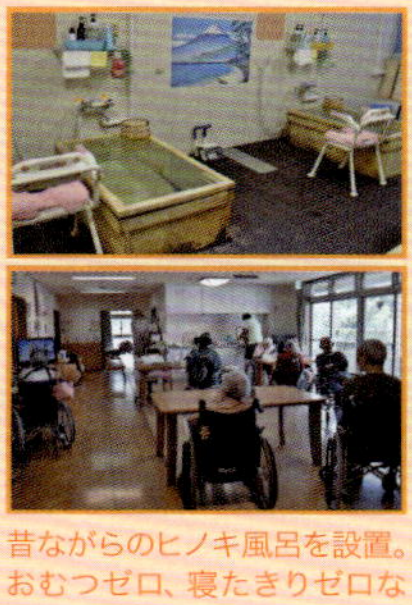

昔ながらのヒノキ風呂を設置。おむつゼロ、寝たきりゼロなど、入居者に対して思いやりのある介護を実践。

グループホーム
あすならホーム高畑
（奈良県）

看護付き小規模多機能、地域の人たちが集える「つどい場」と同じ建物にある。入口、リビングのフロアーなどが畳敷き。くつろぎと身体機能維持に。

グループホーム
さくらホーム
（広島県）

かつて酢を製造していた古民家の良さを残しつつリフォーム。1階がデイサービス。2階がグループホーム。地域に溶け込んだ介護をしている。

有料ホーム
坂の上のお家
（鹿児島県）

隣接しているデイサービス「いろ葉」を利用する方たちが安価に生活できるように作られたホーム。デイサービスは穏やかな空気が流れる。

地域によって異なる介護環境

家での介護や介護施設のことは、大体は分かったけれど、介護って、いろいろなことが違うよね。

確かに。介護サービスにしても、いろいろな方法が選べる地域から、選択肢が一つしかない所まである。
その前に、納める介護保険の料金も地域によって違うのだぞ。安い地域は、高い地域の半額位だって言うから驚きだ。
そうそう、介護認定基準なども、地域で少々異なるのだ。

それって、介護を受けるのは都市の方がいいっていうこと？　それとも……。

大都会がいいか、地方がいいか、それは一概に言えないぞ。そうだろう、ノラ太、ノラ子。

そう、ボスの言う通り。費用、サービスの比較も難しいし……。まず、介護以前に住み慣れたところの方がいいということもあるしね。

慣れ親しんだ環境だけじゃなく、顔見知りが多い方がいいということもあるわよね。全国のノラ仲間と話していて、思うんだけど、その地域の行政の介護方針とかも大事だけれど、一生懸命介護のこと考えてくれる介護医療関係者がいる地域はいいわね。

そうそう、そういう地域は介護だけじゃなくて、子育てのこととか、生活しやすい地域全体のことも考えているね。
すでに紹介した施設もそういっ

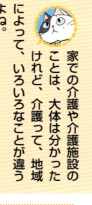

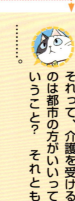

た地域にあるよ。

君たちはそういう場所に行ったことあるの？

もちろん。この間も、私たち見学に行ってきたわ。写真見る？

見せて！

北海道美瑛町

特別養護老人ホーム 美瑛慈光園 他

美瑛町内には社会福祉法人「美瑛慈光会」の施設（特別養護老人ホーム、サポートセンター、小規模多機能、グループホーム、老人保健施設）が7か所ある。利用者は介護状態に応じて、同じグループ内の施設できる。施設が変わっても介護の基本が同じで、当事者の介護状態も把握されているので、馴染み深い土地で安心して利用できる。

群馬県みなかみ町

デイホーム 2910

隣接する「デイサービス福寿草」、少し離れた「名胡桃の城」などと情報交換を行い、地域全体の介護、介護予防（運動など）を考えながら運営されている。看板犬「ふくちゃん」は利用者たちのアイドルだ。

鹿児島県垂水市

デイサービス 恵顔の泉 他

古民家をリフォームして作られた、海が見える施設には、地域の顔見知りが集う。第2の家族のような寛ぎがある。小規模多機能ホーム「恵典の泉」、住宅型有料老人ホーム「和の泉」とともに地域の利用者のニーズにこたえる。

COLUMN by 介護の先輩

介護開始から考える看取り

辛いことですが、介護の終着点は「お別れ」となります。体調のアップダウンがあり、介護中は一喜一憂の繰り返しですが、その時は必ずやってきます。どんな形で、何時訪れるかは分かりませんが、介護が始まったら、そのことは頭の片隅においておかなければなりません。特に介護後半になったら、万が一、次の日が最期となっても慌てないように看取りができる環境を整え、心の準備とある程度の段取りを考えておくにこしたことはないでしょう。遺族、特に介護の中心だった人は悲しみに浸っていることができないのが現実です。私の場合も、父は病院で朝旅立ち、午前中に病室からすべての荷物を運び出さなければなりませんでした。母は施設で夜遅く最期を迎え、死亡診断書を医師に書いてもらい、葬儀社の安置室に移すと日付は翌日になっていました。一生懸命介護した結果が……と思うかもしれませんが、大切な人を介護し、看取り、見送ることができることは最高の幸せといえるのではないでしょうか。

やがて訪れる最期の日

ここ何年か、「終活」とか言って、自分が亡くなるときのことを考えて、お墓探しとかしている人多いけど、その前のことも考えておいた方がいいね。

そうだな。特に介護施設に入る場合、本人や家族は、そこで最期まで見てもらえるのかを確かめておいた方がいいな。

「看取り」をしてくれるかどうかということだね。

お、ちゃんとした言葉を知っているじゃないか？　で、意味はちゃんと分かっているのか？

今一つ……。

公益社団法人「全国老人福祉施設協議会」の定義によれば、「『**看取り**』とは、近い将来、死が避けられないとされた人に対し、身体的苦痛や精神的苦痛を緩和・軽減するとともに、人生の最期まで尊厳ある生活を支援すること」だ。

「看取り」は、それまでの介護と同じくらい重みがあるね。

エピローグ　穏やかな介護生活

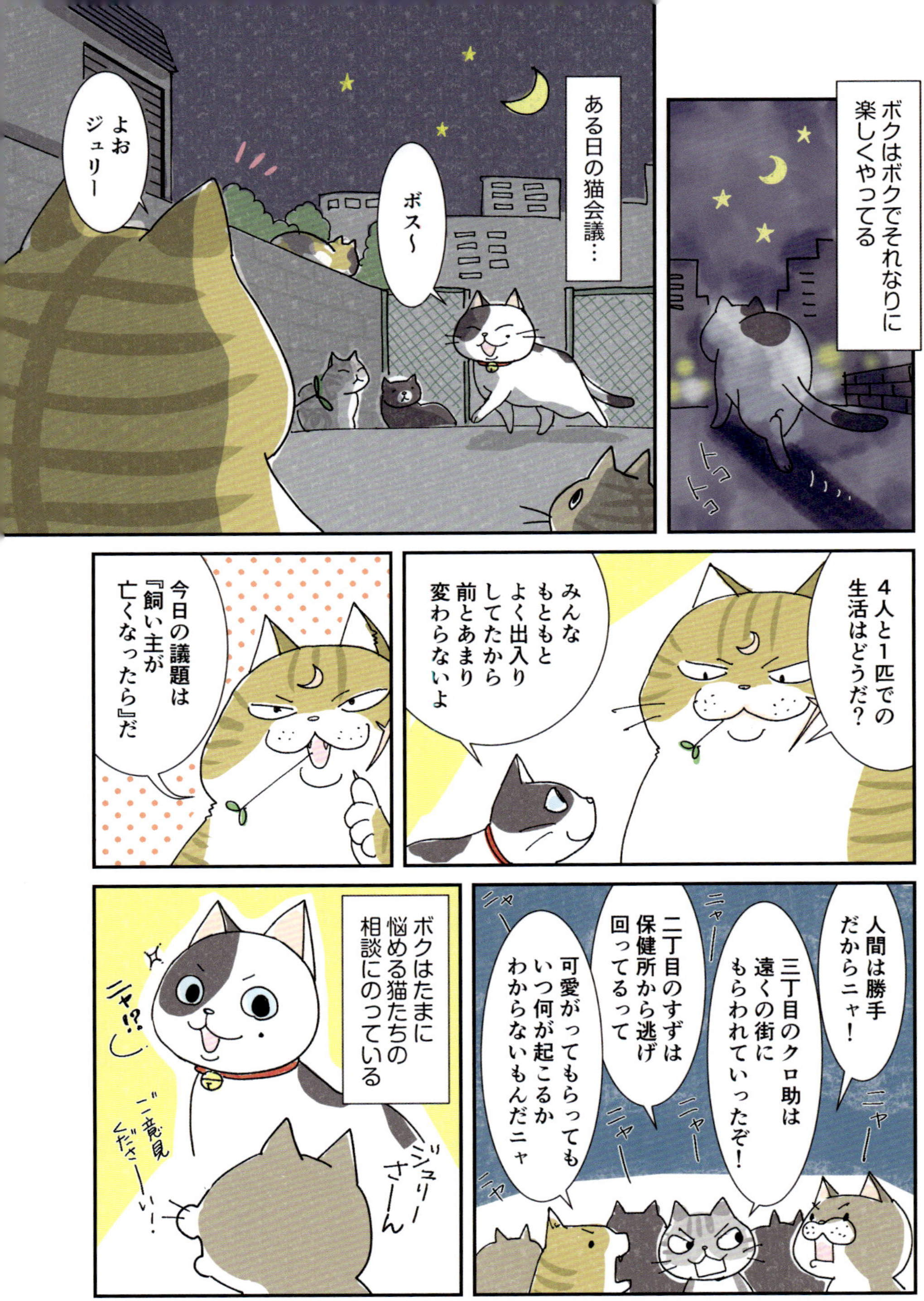
ボクはボクでそれなりに楽しくやってる
トコトコ
ある日の猫会議…
ボス～
よおジュリー
4人と1匹での生活はどうだ?
みんなもともとよく出入りしてたから前とあまり変わらないよ
今日の議題は『飼い主が亡くなったら』だ
人間は勝手だからニャ!
三丁目のクロ助は遠くの街にもらわれていったぞ!
二丁目のすずは保健所から逃げ回ってるって
可愛がってもらってもいつ何が起こるかわからないもんだニャ
ニャー
ニャー
ニャー
ニャー
ボクはたまに悩める猫たちの相談にのっている
ニャ!?
ジュリーさーん
ご意見くださーい!

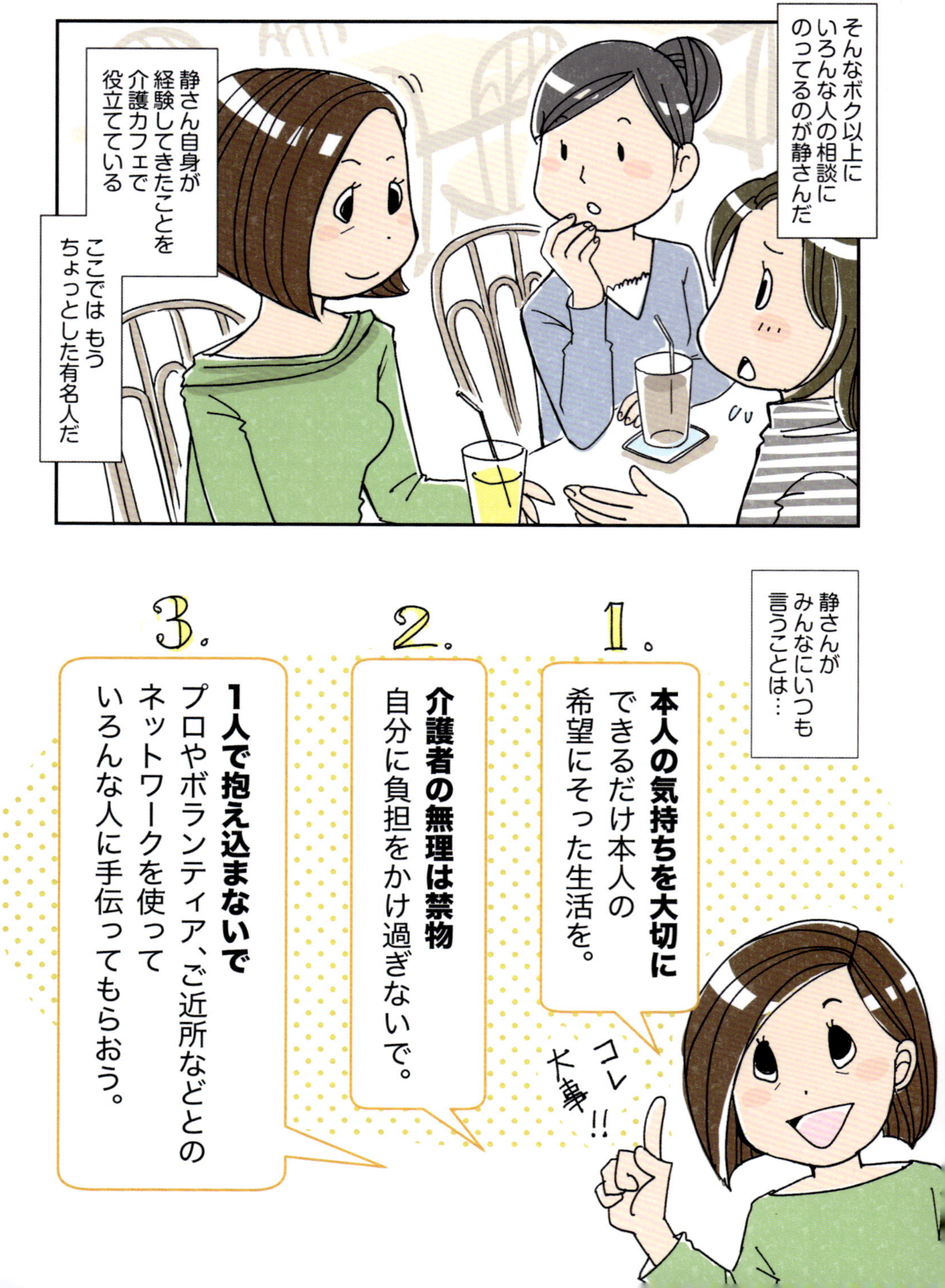
そんなボク以上にいろんな人の相談にのってるのが静さんだ
静さん自身が経験してきたことを介護カフェで役立てている
ここではもうちょっとした有名人だ
静さんがみんなにいつも言うことは…
1.
本人の気持ちを大切に
できるだけ本人の希望にそった生活を。
2.
介護者の無理は禁物
自分に負担をかけ過ぎないで。
3.
1人で抱え込まないで
プロやボランティア、ご近所などとのネットワークを使っていろんな人に手伝ってもらおう。
コレ大事!!

もともとの性格も
あるけれど
認知症が進んでも
たま子さんは
住み慣れた自宅で
穏やかにすごしている
たま子さん…
最期まで一緒に
居ようニャ…
そして来世でも
ボクを見つけてね…

無理をしない介護

INDEX 索引

〝なんちゃって介護でいいじゃない〟

元気な高齢者が溢れている。仕事をし、旅行に行き、ジムに通い、孫と遊ぶ。漠然とした不安はあるものの、みんな自分が動けなくなることなど想像もしていない。ましてや自分が介護を受けることなど想定外である。たしかにそのときにならないと「家族をどう介護するのか、自分がどこでどんな介護を受け死んでいくのか」など思いもつかないし、考えようもない。

だからこそ、今、これからの日本の行く末を、真剣に考える必要があるのではないだろうか。

介護は大変なことのように思われている。でも、子育てと一緒で大変なことばかりではない。時には楽しいことや嬉しいことも待っている。やらなければ後悔するかもしれないが、やれば絶対に後悔はしない。

この本が、深刻ではない、軽くて明るい家族介護のためのお手軽入門本になればうれしい。

令和元年 7月7日

福辺 節子

〝介護を悲喜劇に〟

本書は、介助のプロ（福辺さん）と家族介護経験者（私）が、それぞれの視点を生かして、作り上げました。

私は20数年間認知症の母に付き合い、いろいろな経験をさせてもらいました。今振り返ると、たられば後悔と、懐かしく愛おしい出来事がよみがえります。でも、真っただ中にいるときは、次々に浮上する出来事に愕然とし、辛いというよりも、その状況を乗り越えるのに、ただただ一生懸命でした。

家族の介護は、それぞれ異なり、同じケースは、一つとしてありませんが、どう転んでも、みんな同じように大変です。でも考え方、取り組み方を変えることで、ちょっぴり、楽しくおかしく思うことさえ、できるようになるのも介護です。

本書をヒントに、あなたの介護を悲劇一色にせず、ちょっぴり楽しい悲喜劇にして頂けたらと思います。

令和元年 7月7日

代居 真知子

取材協力施設　あいうえお順

- **社会福祉法人愛隣会・駒場苑**
  東京都 目黒区 大橋2-19-1　TEL：03-3485-9823
- **社会福祉法人協同福祉会・あすなら苑**
  奈良県 大和郡山市 宮堂町160-7　TEL：0743-57-1165
- **社会福祉法人美瑛慈光会・美瑛慈光園（特別養護老人ホーム）ほか**
  北海道 上川郡 美瑛町 南町4-4-18　TEL：0166-92-4111
- **NPO法人銀ちゃんの家・つどい場銀ちゃんの家**
  兵庫県 豊岡市 泉町7-30　TEL：0796-23-8301
- **NPO法人つどい場さくらちゃん**
  兵庫県 西宮市 今在家町1-3　TEL：0798-35-0251
- **NPO法人和嬉会愛・ファボール鴇（小規模多機能型居宅介護）**
  三重県 名張市 つつじが丘南6番町230番地　TEL：0595-51-5777
- **株式会社あかね・2910（デイホーム）ほか**
  群馬県 利根郡 みなかみ町 下津3194　TEL：0278-62-6621
- **株式会社いろ葉・いろ葉（デイサービス）ほか**
  鹿児島県 鹿児島市 坂之上7-42-1　TEL：099-297-6242
- **株式会社エネル・ケア アイ♥リハビリ デイサービス**
  東京都 多摩市 和田18-1　TEL：042-375-6121
- **株式会社湧愛会・恵典の泉（小規模多機能ホーム）ほか**
  鹿児島県 垂水市 新城732-1　TEL：0994-34-3511
- **有限会社親和・鞆の浦さくらホーム**
  広島県 福山市 鞆町鞆552　TEL：084-982-4110
- **有限会社遊人舎・名胡桃の城（デイサービス）**
  群馬県 利根郡 みなかみ町 下津1962-3　TEL：0278-25-3722

Special Thanks

国弘よう子／久保佐知子／中馬睦／中山登貴／松本美香／八重樫奈緒

参考資料

書籍など

「人生はリハビリテーションだ」福辺節子（教育史料出版会）
「福辺流 力と意欲を引き出す介助術」福辺節子（中央法規出版）
「すぐ役に立つ介護の基本と実践」代居真知子（誠文堂新光社）
「すぐ役に立つ家族のための認知症介護」代居真知子（誠文堂新光社）
「早引き 介護の基本技法 ハンドブック」福辺節子（ナツメ社）
「プロが教える本当に役立つ介護術」福辺節子（ナツメ社）
切抜き速報「福祉ニュース・高齢福祉編」（ニホン・ミック）
「明日から役立つ認知症のかんたん診断と治療」平川亘（日本医事新報社）
「介護の前に やっておくべき準備Q＆A100」女性自身編集部（光文社）
「分かりやすい成年後見制度テキスト」（静岡県・（福）静岡県社会福祉協議会）
「ハスカップ・レポート2016-2018 まだ変わる！介護保険」（市民福祉情報オフィス・ハスカップ）

ウエブ

厚生労働省ホームページ
内閣府ホームページ
日本医師会ホームページ
日本歯科医師会ホームページ
公益社団法人全国老人福祉施設協議会ホームページ

福辺節子／著［第6章・第8章・漫画制作］
一般社団法人白新会 Natural being 代表、理学療法士、介護支援専門員、医科学修士、厚生労働省老健局参与（介護ロボット開発普及担当）。著書「福辺流 力のいらない介助術」「力と意欲を引き出す介助術」（中央法規出版）「人生はリハビリテーションだ」（教育史料出版会）「早引き 介護の基本技法 ハンドブック」（ナツメ社）ほか多数。
詳しくは http://mouippo.org/

代居真知子／著［企画・構成・編集・漫画制作］
介護・福祉・食ジャーナリスト、家族介護コンサルタント。著書「うちの子、なんかちがう？学習障害（LD）とその周辺の子どもたち」（小学館）「社会福祉士の仕事完全ガイド」「介護食スイーツ」「マンガでわかる まるごと栄養図鑑」（誠文堂新光社）ほか。
http://www.m-yosue.com/

平田美咲／絵［漫画］
グラフィックデザイナー＆イラストレーター。雑誌・書籍のデザイン、イラストを手がける。

茂手木将人（Studio9）／デザイン

佐田みそ／イラスト［テキストページ］

笠井理恵／校正

もしもの時《とき》に必《かなら》ず役立《やくだ》つ「はじめての家族介護《かぞくかいご》」基本《きほん》・知識《ちしき》・実践法《じつせんほう》
マンガでわかる 無理《むり》をしない介護《かいご》

NDC369

2019年8月19日　発　行

著　　者　福辺節子《ふくべせつこ》　代居真知子《よすえまちこ》
発 行 者　小川雄一
発 行 所　株式会社 誠文堂新光社
〒113-0033　東京都文京区本郷3-3-11
（編集）電話03-5800-5776
（販売）電話03-5800-5780
http://www.seibundo-shinkosha.net/
印刷・製本　図書印刷 株式会社

ISBN978-4-416-61894-3